Séisme et conscience dans la post-urgence du séisme d'Haïti

Éric Calais

Séisme et conscience dans la post-urgence du séisme d'Haïti

L'Harmattan

5-7, rue de l'Ecole-Polytechnique, 75005 Paris

http://www.harmattan.fr
ISBN : 978-2-343-11485-9
EAN : 9782343114859

S'il arrive que tu tombes, apprends vite à chevaucher ta chute. Que ta chute devienne ton cheval pour continuer le voyage.

Frankétienne

Sommaire

Chapitre I

Sursis sismique

Le 12 janvier 2010, vers 5 heures du soir, un courrier électronique arrive parmi d'autres, au sujet on ne peut plus clair :

`2010-01-12 21:53:09 (Mw 7.2) HAITI REGION.`

Le premier réflexe est purement professionnel : où exactement a eu lieu l'événement, sa magnitude est-elle vraiment de 7.2, quelle est sa profondeur ? Je fais rapidement le tour des possibilités, tout en me connectant sur le site internet d'origine du message, le *National Earthquake Information Center* de l'U.S. Geological Survey. Épicentre à 16 km au sud-ouest de la méga-ville de Port-au-Prince, capitale du pays, mal construite et surpeuplée. Séisme superficiel, magnitude correcte, un peu révisée une heure plus tard à la valeur finale de 7.0. Aucun doute à qui connait un peu le pays : un désastre vient d'avoir lieu. L'émotion prend rapidement le dessus – combien de morts, où sont mes amis ? Je tente de les appeler, cherchant nerveusement dans mes archives les numéros de téléphone que je peux trouver. Bien sûr, aucune communication ne passe. J'envoie des messages électroniques, sans grand espoir qu'on y réponde.

Parmi les premières informations sur cette catastrophe on annonce que l'hôpital de Turgeau, quartier résidentiel de la ville, s'est écroulé (Fig I.1). Par contre la toute proche « tour Digicel », du nom d'un des opérateurs de téléphonie mobile du pays, ne subit quasiment aucun dégât malgré sa hauteur et la complexité de sa structure. On saura ensuite que sa construction respectait les normes parasismiques ACI-318 et ASCE-07 alors que l'hôpital, pourtant construit en 2009 seulement, n'appliquait aucune mesure parasismique [18]. Au-delà des acronymes abscons, on ne peut que constater que même en Haïti certains avaient connaissance de la menace sismique, ont investi et ont construit en conséquence. Cet exemple est banal tant il se répète à chaque séisme majeur, de manière exacerbée dans les pays en développement. Certains savent et se protègent, d'autres non. L'inégalité est aussi sismique.

FIGURE I.1 – Photographie de l'hôpital de Turgeau au premier plan, détruit lors du séisme du 12 janvier 2010, et de la tour Digicel au second plan. Cette dernière, conçue de manière parasismique, a résisté au mouvement du sol. La conception de l'hôpital n'appliquait aucune mesure parasismique [18].

La géologie des failles actives en Haïti est bien connue au premier ordre. L'île d'Hispaniola – dont Haïti occupe le tiers occidental – doit sa topographie à sa situation géologique le long de la frontière entre les plaques tectoniques Amérique du Nord et Caraïbe dont le mouvement relatif est une convergence extrêmement oblique (Fig. I.2). Ce mouvement de 2 cm par an est décomposé entre le système de failles dites « Nord Hispaniola » qui accommodent de la compression au pied de la marge nord de l'île, et deux failles de direction est-ouest au travers de l'île, la faille Septentrionale au nord et la faille d'Enriquillo-Plantain Garden au sud, qui accommodent surtout un mouvement de cisaillement.

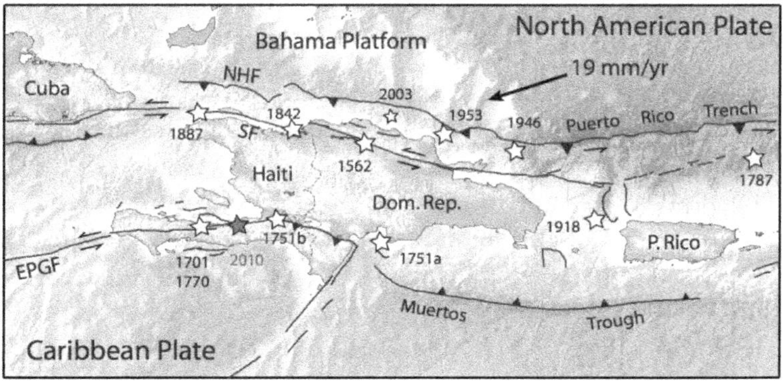

FIGURE I.2 – Carte des failles actives majeures [5] et localisation approximative des séismes historiques dans le nord-est Caraïbe, NHF = faille Nord Hispaniola, SF = faille Septentrionale, EPGF = faille d'Enriquillo-Plantain Garden [4].

La faille d'Enriquillo est d'ailleurs bien visible dans la morphologie du Sud d'Haïti car les rivières principales suivent son tracé très rectiligne. L'image satellitaire de la figure I.3A montre par exemple la rivière Froide dont la vallée matérialise le passage de cette faille située à moins de 10 km de la conurbation de 3 millions d'habitants de Port-au-Prince – Carrefour – Pétionville (Figure I.3A). Les observations géologiques montrent bien, dans les vallées des rivières Froide et Momance plus à l'ouest (Figure I.3B), des escarpements linéaires décalant leurs alluvions les plus récentes, preuves de grands séismes géologiquement très récents [19].

On observe aussi sur la figure I.3A que les carrières de Laboulle, bien connues des Haïtiens, sont situées exactement sur le tracé de la faille. Elles fournissent un sable facilement exploitable, naturellement fabriqué par le broyage du calcaire massif lors des milliers de séismes qui, pendant des millions d'années, ont ébranlé la faille d'Enriquillo. Ce sable calcaire, largement utilisé dans la fabrication des mortiers et des briques malgré sa mauvaise qualité, est en partie responsable de la fragilité du bâti de Port-au-Prince. Quelle ironie pour un « sable sismique »...

La construction informelle, celle qui ne fait pas appel à un ingénieur et représente 90% du bâti en Haïti, montre des bâtiments particulièrement édifiants, comme celui encerclé de rouge sur la figure I.3C. Nul besoin d'un diplôme en dynamique des structures pour comprendre que cette structure en pyramide inversée – probablement témoin de réussite sociale car son propriétaire a pu agrandir sa maison par étages successifs, chacun débordant sur l'emprise du précédent – n'est évidemment pas un modèle de stabilité lors de vibrations sismiques. Cet exemple extrême n'est pourtant pas représentatif de l'ensemble du bâti. On verra plus loin que les dégâts furent très hétérogènes dans la ville, épargnant certains quartiers y compris le bidonville de Jalousie sur les hauteurs de Pétionville, mais en décimant d'autres comme le quartier résidentiel de Turgeau.

Le cocktail du risque était donc en place dans la région métropolitaine : une faille active majeure à seulement quelques kilomètres d'une conurbation exposée et vulnérable. Le risque est toujours présent car ni la menace – naturelle et inexorable – ni la vulnérabilité – construite – n'ont changé depuis le séisme.

La menace est non-négociable : la faille d'Enriquillo ou son *alter ego* du nord, la faille Septentrionale, existent depuis des millions d'années et continueront de fonctionner sismiquement pendant quelques millions d'années encore. S'installer à leur côté implique d'accepter qu'un jour ou l'autre leur activité sismique se manifeste.

À l'inverse, la vulnérabilité est entièrement du ressort des populations et se gère par une occupation du sol raisonnée et une qualité de construction adaptée. Cela demande surtout du bon sens et quelques recettes simples et bien connues. Par exemple, la technique de la maçonnerie chaînée, qui permet un habitat informel sécurisé sans changer le type de construction classique ou le matériau utilisé, ni remettre en cause l'existence des maçons. Elle consiste simplement à renforcer les jonctions entre colonnes et murs en construisant ces derniers en premier, en laissant leurs extrémités irrégulières pour un meilleur contact avec les colonnes, puis en coulant en dernier des colonnes de béton de qualité et adéquatement ferraillé.

On a beaucoup parlé, suite au séisme, de l'erreur d'avoir construit en béton et de la nécessité de changer drastiquement de pratique – acier, bois, bambous, tous les matériaux y sont passé. Les séismes du XVIIIème siècle avaient d'ailleurs introduit l'utilisation du bois pour remplacer les constructions en moellons qui s'étaient pour la plupart effondrées. Moreau de Saint Méry rapporte que « L'ordonnance du 8 août 1770 des Administrateurs rendit obligatoire la construction de maisons en bois ou maçonnées entre poteaux. Nul solage de maçonnerie ne pouvait être de plus deux pieds hors de terre. »

Les incendies et le climat tropical ne font cependant pas bon ménage avec cette pratique. De fait, les villes, en particulier dans leur période d'explosion démographique des dernières décennies, se sont construites en blocs de ciment, surmontés le plus souvent par une lourde dalle de béton (« hourdis ») pour toiture. Cette dernière a en particulier l'avantage de pouvoir servir de base pour un étage supplémentaire à construire plus tard, pratique très répandue dont la figure I.3C montre un exemple extrême. Le poids de la structure permet une bonne tenue aux cyclones, mais quand il est mis en mouvement par les déplacements horizontaux du sol lors d'un séisme, il peut se transformer en énergie mécanique particulièrement destructrice. De fait, les maisons de style « gingerbread » construites entre 1900 et 1920 en bois ou en maçonnerie légère solidifiée par des croisillons de bois ont souvent mieux résisté au séisme malgré leur grand âge car elles sont plus légères et flexibles que des structures de même volume construites en briques ou béton.

Mais la réalité haïtienne restera pendant longtemps encore le « boss maçon », la brique et le béton. La résistance sismique passe donc par leur formation, par exemple à la technique de la maçonnerie chaînée, ainsi que par l'explication que les propriétaires ont l'option de faire construire de manière sécurisée, qu'ils ont un choix, donc une responsabilité.

~

Le décor étant planté, deux observations vont permettre d'apporter des informations quantitatives sur la menace sismique régionale. La première est simplement historique. La présence de religieux européens sur l'île depuis 1492 a permis de collecter, dans diverses archives écrites, des descriptions des dégâts causés par les séismes des derniers 250 ans (Fig. I.2). On sait grâce à cela que le sud d'Haïti subit une série de séismes majeurs au XVIIIème siècle au cours desquels Port-au-Prince – bourgade à l'époque – fut à chaque fois détruite : novembre 1701, novembre 1751, juin 1770 [23]. Ce dernier cause la mort de 250 personnes, dont 50 à Léogâne. Depuis, le sud de l'île est sismiquement calme, hormis la petite crise de 1953 dans la région d'Anse à Veau. Au nord, la faille Septentrionale se réveillera en 1842 puis 1887, causant des dégâts majeurs au Cap Haïtien et à Port-de-Paix. Mais le sud profite de 250 ans de quiescence.

Conséquence sournoise de la rareté – heureusement – des séismes destructeurs, une fausse impression de sécurité s'installe rapidement, même après les pires désastres. Le séisme de 2010 ne fait pas exception.

La seconde observation viendra de l'utilisation du GPS, le *Global Positioning System*, pour mesurer les mouvements tectoniques en Haïti. L'étude, menée sur le terrain par le Bureau des mines et de l'énergie (BME) [1], consistait à suivre au cours du temps la position relative de points de référence déployés au travers du pays. Les GPS qui équipent nos smartphones permettent une localisation à quelques mètres près, insuffisante pour la mesure des mouvements tectoniques qui se produisent à des vitesses de quelques millimètres à quelques centimètres par an seulement. On sait cependant exploiter une partie plus précise du signal satellitaire et la convertir en des positions de précision millimétrique, suffisante pour le suivi « en temps réel » de la déformation de la croûte terrestre sous l'effet des forces tectoniques.

Les mesures GPS, qui font maintenant partie de l'arsenal classique de la surveillance des régions sismiquement actives du globe, montrent que la croûte terrestre se comporte de manière élastique. Elle se tend – ou se comprime suivant les lieux – de manière lente, continue et sismiquement silencieuse sous l'effet des forces tectoniques. Jusqu'à ce que l'accumulation de ces forces dépasse la résistance des roches, qui cassent alors brutalement, libérant l'énergie qui s'y accumulait et émettant des vibrations – les ondes sismiques – qui se propagent dans la Terre. Un séisme est donc le relâchement brutal d'une longue et lente accumulation de déformation au voisinage de failles géologiques, comme la rupture d'un élastique sur lequel on aurait trop tiré.

---

1. Grâce à un soutien initial du Programme des Nations Unies pour le Développement (PNUD) puis d'un programme scientifique financé par la *National Science Foundation* des États-Unis.

Une fois le séisme passé, la faille qui vient de rompre est à nouveau mise sous effort par le mouvement lent mais constant des plaques. Il est donc inexorable que, quelques dizaines ou centaines d'années plus tard, elle cède à nouveau, lorsque ces efforts dépasseront à nouveau sa résistance mécanique. Une faille est donc le contact entre deux compartiments de roches, la cassure le long de laquelle ils se déplacent lors de séismes successifs. Loin d'être des gouffres ouverts sur les entrailles de la Terre comme elles sont parfois imaginées, les failles sont des cassures fermées plutôt discrètes, que souvent seul l'œil du géologue sait détecter.

Ce cycle d'accumulation des forces tectoniques sous l'effet du mouvement lent des plaques, puis de leur relâchement brutal par un séisme explique pourquoi ceux-ci tendent à se reproduire dans les mêmes régions au cours du temps. Par conséquent, si l'on connait les endroits où ont eu lieu les séismes passés – par la cartographie des failles ou par l'analyse des séismes historiques par exemple – on peut alors déterminer les régions les plus exposées aux séismes futurs. Malgré la cartographie relativement grossière de la géologie d'Haïti, failles sismiques et séismes historiques étaient connus bien avant 2010, comme l'expliquait avec justesse l'ingénieur Claude Prépetit du Bureau des mines et de l'énergie dans le quotidien Le Matin le 25 mars 2008 [20] : « Il y a eu des séismes dans le passé, il y en aura dans le futur. Il faut bien se convaincre que des séismes de la force de ceux qui ont détruit autrefois Port-au-Prince et Cap Haïtien vont se reproduire mais en provoquant une mortalité et des dégâts sans commune mesure avec ceux qui ont été constatés à cette époque-là. » La menace sismique était donc avérée, en particulier dans le sud et le long de la côte nord du pays, et la vulnérabilité des zones urbaines tout à fait claire.

Revenons à nos mesures GPS qui, après cinq ans d'efforts et de patience, montrent que le sud du pays est mis sous tension, lentement mais sûrement, à une vitesse de 6 mm/an

(Fig. I.5A). La sismicité historique nous informe que cette région n'a pas connu de séisme majeur depuis ceux du XVIIIème siècle, soit environ 250 ans. Elle a donc accumulé une quantité de mouvement de 0.006 m/an × 250 ans = 1.5 m, ce qui correspond « à un séisme de magnitude 7.2 si la totalité de la déformation élastique accumulée depuis les derniers séismes majeurs est relâchée en un seul événement aujourd'hui », comme le montre la figure I.5B. C'est la phrase exacte que nous avions publiée dans la revue spécialisée *Geophysical Journal International* en 2008 [16]. Nous n'avions bien sûr pas prédit le séisme, mais la capacité sismique du sud d'Haïti était non seulement connue mais aussi quantifiée.

Sous l'impulsion de la Direction de la protection civile (DPC) dirigée alors par le Dr. Yolène Surena, nous avons partagé cette information avec plusieurs ministres du gouvernement haïtien ainsi que les principaux bailleurs internationaux et coopérations bilatérales, cherchant à alerter d'une menace géologiquement évidente mais ignorée dans l'agenda de la gestion des risques de désastres. L'ingénieur Claude Prépetit, qui, mieux que quiconque, a compris les enjeux et plaide depuis plusieurs années pour une prise en compte de la menace sismique en Haïti [21], mène la charge. Les rencontres furent cordiales, mais, comme nous le faisait remarquer un ministre haïtien en 2008, nous ne savons pas prédire les séismes – « Alors que moi je peux vous dire que nous aurons encore des inondations meurtrières cette année entre juin et octobre, pendant la saison cyclonique », ajouta-t-il. J'étais trop impressionné alors pour répondre qu'il y a aussi une saison sismique, qui commence le 1er janvier pour finir le 31 décembre.

La compétition est donc présente, comme le montre le tableau I.1, car cyclones et inondations associées – contrairement aux séismes – se répètent régulièrement. Leur impact sur les populations diminue d'ailleurs à mesure que la protection civile haïtienne s'équipe et s'organise. Pourtant, il suffira de 35 secondes de mouvement du sol le 12 janvier 2010 pour tuer plus de 200 000 personnes et coûter au pays près de 100% de son PIB.

Quelques semaines plus tard, un séisme de magnitude 8.8 frappe le Chili. Cinq cents fois plus puissant que celui d'Haïti – l'échelle des magnitudes est logarithmique – il cause seulement 525 morts et 4 milliards de dollars de dégâts. Je me souviens vérifier alors dans le catalogue sismique du Chili que le pays a subi, en 100 ans, 56 séismes d'une magnitude supérieure ou égale à celui d'Haïti. Mon collègue Sergio Barrientos, sismologue chilien à qui je rapportais cette observation, me dit « Bien sûr, on dit même au Chili que tous les gouvernements ont eu à gérer une crise sismique ». Même si cela ne fait pas tout – la réalité socio-économique des deux pays n'est pas comparable – cette répétition d'événements oblige à prendre des mesures de protection car on sait qu'elles auront un impact positif à court terme.

En Haïti, par contre, un fonctionnaire d'un bailleur international majeur du pays admettait en 2010 que « nous connaissions la menace sismique, mais avons décidé de focaliser nos ressources sur les cyclones ». Ces temps sont révolus, penserait-on ? Un appel d'offres international récent [2] intitulé « construire la résilience urbaine en Haïti » est explicite : « Même si le niveau du séisme de 2010 était sans précédent pour Haïti, les phénomènes hydrométéorologiques – tels que cyclones, tempêtes tropicales et, plus répandus, les événements de pluies – placent fréquemment de nombreuses communautés urbaines et leurs habitants en situation de fort risque de désastre. » Le message est répété : oui le risque sismique est connu et grave, mais ce n'est pas le sujet. On fait donc l'impasse, à la face de tous, dans un pays où un séisme vient de tuer plus de 200 000 personnes en 35 secondes. Dans

2. Émis le 22 décembre 2015 par l'USAID/DCHA/OFDA sous le No. APS-OFDA-16-000001

quels bureaux se prennent ce genre de décision ? Sur quels critères ? Y-a-t'il un scientifique dans l'avion ?

Développement par projets, trois ans pour convaincre – curer 10 km de canaux, donner un emploi à 500 chômeurs ou former 100 fonctionnaires. Ces indicateurs de succès sont simples et implacables. Ils sont pourtant inconfortables pour la réduction du risque sismique dont l'impact sur des temps courts est par définition non mesurable dans un pays où les séismes ne sont – heureusement – pas très fréquents. Leur récurrence, évidente mais imprévisible, impose à l'inverse une action continue, une persévérance difficile à rendre compatible avec les agendas à court terme des gouvernements et de leurs bailleurs dans un pays en urgence chronique.

TABLE I.1 – Comparaison des conséquences des cyclones récents et du séisme de 2010 en Haïti [2]. FGHI sont, respectivement, la tempête tropicale « Fay » (15–17 août), le cyclone « Gustav » (24–27 août), la tempête tropicale « Hanna » (1–4 septembre) et le cyclone « Ike » (6–8 septembre) qui déversèrent autant d'eau sur Port-au-Prince en un mois que le total moyen d'une année.

Événement	PIB affecté	Population affectée	Morts
2004, cyclone Jeanne	7%	300 000	5 000
2007, cyclones Dean + Noel	2%	194 000	330
2008, cyclones FGHI	15%	1 000 000	800
2010, séisme	100%	2 000 000	222 500

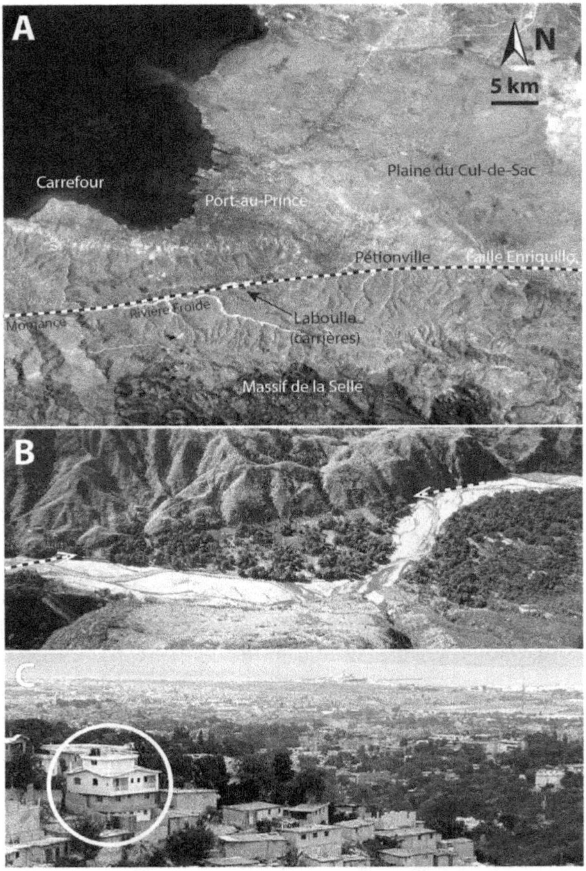

FIGURE I.3 – A. Image satellitaire Landsat centrée sur la conurbation Port-au-Prince – Carrefour – Pétionville. On distingue la piste de l'aéroport international Toussaint Louverture au nord de la ville, bordée au sud par le massif montagneux de la Selle. Les vallées très linéaires des rivières Froide et Momance marquent le passage de la faille active d'Enriquillo, indiquée par un tireté blanc/noir. B. Escarpement de faille le long de la rivière Froide délimitant une petite terrasse alluviale cultivée (cliché K. Hudnut, USGS). Le passage de la faille est indiqué par des flèches en tireté blanc/noir. C. Construction typique des quartiers défavorisés de Port-au-Prince. On distingue le centre-ville et le port en arrière-plan.

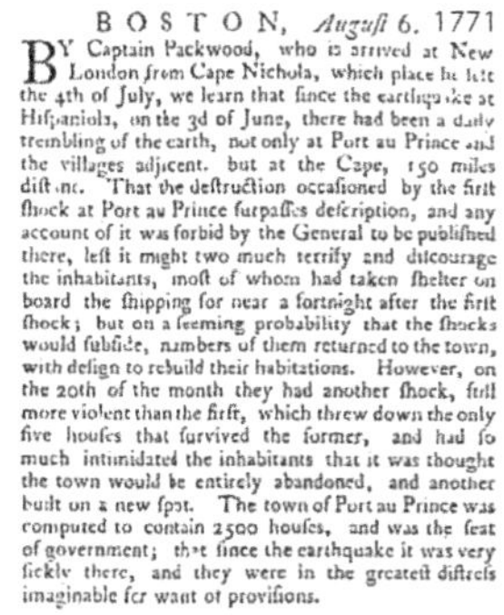

BOSTON, *August* 6. 1771

BY Captain Packwood, who is arrived at New London *from* Cape Nichola, which place he left the 4th of July, we learn that ſince the earthquake at Hiſpaniola, on the 3d of June, there had been a daily trembling of the earth, not only at Port au Prince and the villages adjacent. but at the Cape, 150 miles diſtance. That the deſtruction occaſioned by the firſt ſhock at Port au Prince ſurpaſſes deſcription, and any account of it was forbid by the General to be publiſhed there, leſt it might two much terrify and diſcourage the inhabitants, moſt of whom had taken ſhelter on board the ſhipping for near a fortnight after the firſt ſhock; but on a ſeeming probability that the ſhocks would ſubſide, numbers of them returned to the town, with deſign to rebuild their habitations. However, on the 20th of the month they had another ſhock, ſtill more violent than the firſt, which threw down the only five houſes that ſurvived the former, and had ſo much intimidated the inhabitants that it was thought the town would be entirely abandoned, and another built on a new ſpot. The town of Port au Prince was computed to contain 2500 houſes, and was the ſeat of government; that ſince the earthquake it was very ſickly there, and they were in the greateſt diſtreſs imaginable for want of proviſions.

Port-au-Prince, 1771

Cap Haitien, 1842

FIGURE I.4 – Documents historiques décrivant les séismes de 1770 à Port-au-Prince et 1842 au Cap Haïtien. Le récit du capitaine Packwood indique que le séisme de 1770 fut ressenti jusque dans le nord du pays. Il décrit que le premier choc cause des dégâts majeurs, dont le gouverneur interdit de parler pour ne pas décourager la population. Une stratégie de communication qui n'a plus cours de nos jours... Schoelcher [24] rapporte que le 7 mai 1842 « un tremblement de terre secoua cette ile infortunée avec une telle violence, que dans plusieurs villes des populations presqu'entières furent ensevelies sous leurs maisons renversées et brisées. Le Cap, plus maltraité qu'aucune autre, perdit les deux tiers de ses huit mille habitants. » Des séismes historiques majeurs étaient bien connus en Haïti, mais leur souvenir s'est évaporé, en partie dans la quiescence sismique des derniers 150 ans.

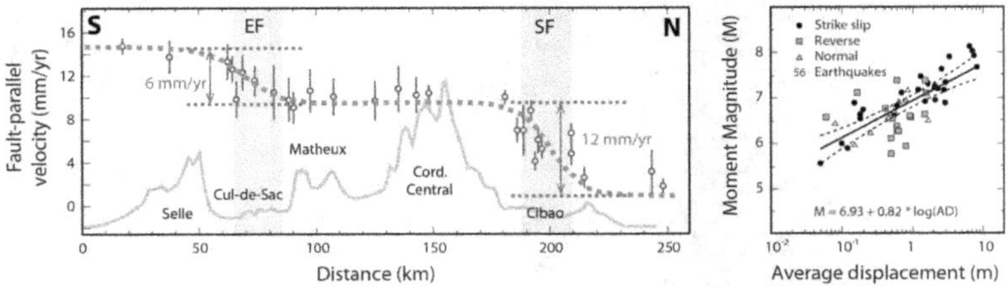

FIGURE I.5 – A. Vitesses de déplacement mesurées par GPS le long d'un profil Nord-Sud au travers d'Haïti. Les cercles et barres d'erreurs associées représentent la composante principale de la déformation qui est un cisaillement senestre sur des failles de direction générale Est-Ouest : faille Septentrionale au nord et faille d'Enriquillo au sud. On constate que la déformation, c'est-à-dire le gradient spatial des vitesses, est corrélée à la trace de ces deux failles (zones indiquées en grisé). Le trait gris pointillé représente un modèle mécanique simple où les deux failles sont considérées comme bloqués jusqu'à une profondeur de 15 km. Le trait continu gris indique la topographie le long de ce profil nord-sud. B. Représentation graphique de la loi d'échelle reliant magnitude des séismes au glissement cosismique moyen [30]. Un taux de déformation de 6 mm/an depuis les séismes du XVIIIème siècle il y a 250 ans implique l'accumulation de 1.5 m de déplacement potentiel, ce qui correspond à un séisme de magnitude 7.2 si ce déplacement est relâché par un seul séisme.

Chapitre II

Happé

Chaque séisme est une expérience de mécanique des roches grandeur nature qui laisse sur le terrain des indices éphémères. Géologues et sismologues doivent être rapidement présents pour les collecter, pour observer, mesurer, tenter de comprendre un peu mieux le fonctionnement des failles qui, comme l'écrit avec une acuité extraordinaire l'auteure haïtienne Yanick Lahens « en silence, millimètre après millimètre, fraction de seconde après fraction de seconde, se déroule à des kilomètres sous l'écorce terrestre [...] inconnu pour la grande majorité des Haïtiens mais connu de certains d'entre nous qui avions choisi de l'oublier ».

Nous arrivons sur le terrain 10 jours après le séisme pour remesurer les positions de nos repères géodésiques et déterminer ce que l'on appelle dans notre jargon leur « déplacement cosismique », ou plus simplement dit les déplacements qu'ils ont subis lors du séisme. Ils devraient nous permettre de remonter à la cause – à la source – du séisme. Au lendemain du 12 janvier, son épicentre proche de la faille d'Enriquillo, semblait déjà pointer le coupable du doigt. Cette faille, l'un des deux « parrains » de la menace sismique en Haïti – avec son alter ego du nord, la faille Septentrionale – était en quelque sorte prise la main dans le sac. D'ailleurs la liste des suspects était courte : les recherches géologiques en Haïti s'étant arrêtées à la fin des années 80, la faille d'Enriquillo figurait seule sur la liste des géo-délinquants du sud du pays.

Les premiers indices livrés par l'enquête de terrain nous laissent pourtant perplexes. Nous ne trouvons aucune trace en surface d'une rupture de la faille d'Enriquillo dont le tracé est pourtant bien connu dans la région épicentrale. Des micro-atolls coralliens exondés lors du séisme indiquent un soulèvement de la côte de 60 centimètres entre les villes de Petit Goâve et Léogâne, difficilement compatible avec une faille d'Enriquillo qui produit des déplacements surtout horizontaux. L'interférométrie satellitaire et nos mesures géodésiques par GPS mettront un terme au suspens [4]. L'ensemble des données indique que la faille responsable du séisme n'est pas celle d'Enriquillo comme nous nous y attendions, mais une faille secondaire toute proche, située sous la ville de Léogâne. Le coupable n'est donc pas « le parrain », mais un de ses lieutenants...

Le séisme d'Haïti présente de fait une configuration géologique analogue à celui de Loma Prieta qui frappa le sud de San Francisco en 1989 et dont la source était une faille proche – mais différente – de la grande faille de San Andréas. Même si cette dernière matérialise la frontière nrte les plaques Pacifique et Amérique du Nord, tous les séismes importants de Californie depuis celui de San Francisco en 1906 ont mis en mouvement des failles annexes. C'est le cas des séismes de Landers en 1992, Northridge en 1994, San Simeon en 2003, ou plus récemment Sud Napa en 2015.

La découverte de la « faille de Léogâne » n'est donc pas aussi fondamentale que le pensent les médias à l'époque. Elle est même plutôt banale – il faut souvent un séisme pour indiquer la présence dissimulée d'une faille active, on l'a vu par exemple en 1995 lors du séisme de Kobé au Japon, dans une région pourtant géologiquement bien connue. Les journaux titrent « Une nouvelle faille en Haïti », surfant sur l'éphémère nouveauté mais oubliant d'expliquer que cela ne change rien à l'affaire. Haïti reste en sursis, le séisme du 12 janvier 2010, malgré son horreur, n'est pas le « big one » que nous attendons donc encore.

Ce résultat a alors une conséquence inattendue, révélatrice à la fois du besoin de savoir et d'un défaut d'explication. Un article du *Nouvelliste* (11 août 2010), premier quotidien haïtien, titre en effet que « Les scientifiques se sont trompés » en annonçant un séisme sur la faille d'Enriquillo puisque, se récusant, ils désignent maintenant une autre faille responsable. L'explication de la banalité de la découverte d'une faille inconnue viendra trop tard, dans une réponse du 17 août au *Nouvelliste*. Un lecteur écrira « Quand la science des failles défaille » (*Le Nouvelliste*, 16 août 2010), irrité par le revirement des scientifiques – « Le scientifique peut dire n'importe quoi car il ne doit ce titre qu'à l'étude d'une science », écrit-il.

Le journaliste haïtien Marcus titrera même « Sismologues, taisez-vous ! » (*Le Nouvelliste*, 30 novembre 2011), excédé qu'il était par nos conclusions complexes et la lenteur des progrès vers la prévision des séismes. « Oui, il faudra du temps pour comprendre totalement les séismes, ou pour les prédire si tant est que cela soit possible. Oui la connaissance des séismes en Haïti a plus de 20 ans de retard sur la plupart des pays de la Caraïbes. Oui il faudra des années pour combler ce vide et – sans doute le plus important – former les scientifiques haïtiens capables de traiter ces questions et renforcer les institutions qui pourront les accueillir », lui répondrons-nous par voie de presse (*Le Nouvelliste*, 8 décembre 2011). Marcus m'invitera ensuite pour une sympathique interview dans la radio qu'il dirige.

La faille de Léogâne, meurtrier détail géologique, révèle donc une autre faille, celle qui sépare la minorité scientifique de l'écrasante majorité qui ne l'est pas mais a tout autant besoin de comprendre.

~

La logistique de notre mission de terrain en Haïti ne fut pas simple. D'abord pour arriver dans le pays avec une tonne de matériel alors que les secours d'urgence sont la priorité – plus aucun vol n'atterrit ni ne quitte Port-au-Prince s'il n'est humanitaire. Des collègues du département d'aéronautique nous mettent en contact avec une entreprise de fret aérien de Miami [1] qui nous permet de stocker notre équipement dans leurs hangars. Je reste sur place, attendant une opportunité sur un cargo humanitaire, tandis que le reste de l'équipe prend un vol régulier vers Saint Domingue. Je les retrouverai quelques jours plus tard à la frontière dominicano-haïtienne (Fig. II.1). Après deux jours d'attente, on m'avertit un soir qu'une livraison alimentaire n'est pas arrivée et qu'un espace vient de s'ouvrir pour notre équipement sur un vol cargo. Je saute sur l'occasion sans hésitation.

Quatre personnes, pilote, co-pilote, mécanicien et moi-même, à bord d'un Boeing 727 cargo d'Amerijet [2] rempli de colis humanitaires et de nos quelques récepteurs GPS. Ca tombe bien, il y a justement 4 places assises, pas une de plus. Je voyage sur un siège collé à l'arrière du pilote, avec une vue splendide sur le tableau de bord. L'approche de nuit sur Port-au-Prince est calme et irréelle – la ville est illuminée. « On n'a pas l'impression que la ville vient d'être détruite », fait remarquer le pilote. Nous atterrissons vers 3 heures du matin dans un aéroport contrôlé par l'armée américaine – étrange et décalé. La cargaison est rapidement déchargée vers des hangars et l'avion repart aussitôt. *Good luck* me dit le pilote. J'ai comme l'impression que ca va être utile, en effet.

Je cherche par réflexe un employé de l'immigration dans un aéroport dévasté en état d'occupation tandis que camions, transpalettes et militaires s'agitent sur le tarmac. Miracle, il

1. Je remercie Steven Daun et Mike Visconti d'Aeroservice pour leur aide et accueil à titre gracieux pendant quelques jours d'incertitude à Miami.

2. Un grand merci au pilote Jim, co-pilote Eric et au mécanicien pour cette superbe arrivée nocturne à Port-au-Prince.

FIGURE II.1 – L'équipe de terrain se retrouve à Jimani, ville frontière dominicaine, pour planifier la mission géophysique en Haïti. De gauche à droite, Altidor (Bureau des mines et de l'énergie), Roberte Momplaisir (Faculté des Sciences), Estelle Chaussard (Université de Miami), D. Sarah Stamps (Université de Purdue), Eric Calais et Glen Mattioli (Université d'Arkansas). Andrew Freed (Université de Purdue) prend la photographie. Paul Mann (Université du Texas) nous rejoindra quelques jours plus tard. La carte déployée sur la table est celle de Port-au-Prince.

y en a un, endormi sous un bureau – à l'extérieur du bâtiment, répliques obligent. Il tamponne mon passeport en ouvrant à peine les yeux. Je m'installe par terre dans un coin pour un peu de sommeil pendant les quelques heures de nuit restantes. À six heures du matin mes amis haïtiens Abel Nazaire de la Protection Civile, puis Roberte Momplaisir de la Faculté des Sciences et Dieuseul Anglade du Bureau des mines et de l'énergie viennent m'accueillir. Je suis en Haïti.

~

Pays sous le choc dont les habitants et les dirigeants – y compris internationaux – ne comprennent pas le phénomène naturel qui vient de les frapper. Pourtant beaucoup d'Haïtiens ont déjà pleuré leurs morts et le pays regarde devant. Les marchandes de rue ont repris leurs étals de légumes, gazeuses et surettes sur les trottoirs de la ville. Des files compactes et ordonnées attendent eau et médicaments avec patience. Les quartiers se sont auto-organisés pour dormir dans les cours et faire face, en groupe, aux difficultés et incertitudes du moment. Finalement, seuls les débris et l'omniprésence médiatico-humanitaire indiquent l'ampleur de la tragédie qui vient d'avoir lieu.

D'ailleurs, au détour d'une ruelle des journalistes étrangers filment la rue et commentent, en direct, que « la vie reprend ses droits, voyez ces marchandes si rapidement réinstallées sur les débris même du séisme... » L'image est forte, pourtant les débris en question ne sont qu'un des nombreux tas de gravats qui encombrent rues et trottoirs de la ville de manière chronique depuis des années... Oui Haïti était déjà un pays en difficulté avant le séisme. Oui Haïti existait, oui il était sur la carte dans ce recoin oublié de l'azur caraïbe.

Nous prenons un petit déjeuner dans cette cour du quartier Christ-Roi, attenante aux bureaux de « BETA Ingénieurs », l'entreprise de génie civil montée par Roberte, son mari et leurs associés. Le bâtiment qui en hébergeait les bureaux est entièrement détruit, il n'en reste qu'un tas de gravats informes dont émergent photocopieurs et classeurs métalliques écrasés. Par miracle il n'y a aucune victime – le bureau était en réunion de travail et Roberte, sentant une première secousse, força les participants à évacuer par la brèche éphémère offerte par un pan de mur qui venait de s'effondrer vers l'extérieur.

Dans cette cour où l'on dort sous les manguiers et les étoiles, le quartier se recrée une vie, se construit un périmètre de sécurité intérieure où parents, grands-parents et enfants, mélangés jour et nuit, thérapisent leurs angoisses ensemble. Tout détail devient important – une petite réplique, une lampe électrique à manivelle. Quelques jours plus tard, en réponse à l'arrivée de panneaux solaires, Roberte ouvrira un « Bordeaux parasismique », dont une caisse a miraculeusement survécu à l'effondrement de leur bâtiment.

Nos collaborateurs du Bureau des mines et de l'énergie ont perdu leur bâtiment administratif, dans lequel heureusement personne ne se trouvait à l'heure du séisme – 17 heures alors que la relâche fonctionnariale est achevée à 16h30. Vive la fonction publique ! Les bâtiments de leur centre de recherche ont bien résisté et, après nous avoir aidé à dédouaner le matériel GPS, ils nous autorisent à nous y installer. La grande cour arborée s'est depuis plusieurs jours transformée en un camp de réfugiés sismiques des quartiers environnants qui y organisent école, service religieux et petite économie de subsistance loin de toute intervention humanitaire de masse.

Je retrouve mon collègue haïtien Claude Prépetit avec qui nous faisons le point des dernières informations scientifiques concernant le séisme, en particulier l'interprétation des dernières données satellitaires et un modèle de mouvement de faille préliminaire. Nous sommes en étroit contact avec nos collaborateurs de l'Université de Miami, Falk Amelung et Tim Dixon, qui calculent les déplacements du sol à partir des données radar du satellite japonais ALOS. Nous établissons la logistique du travail de mesures géodésiques GPS à réaliser qui, d'après nos calculs, doit couvrir l'ensemble du pays pour être pleinement utile. Nous finirons même par mobiliser mon collègue et collaborateur dominicain Alexander Holsteinson qui mesurera, en parallèle de notre campagne de terrain en Haïti, une vingtaine de sites GPS en République Dominicaine. Budget, réservation de véhicules, recensement des techniciens disponibles, de l'équipement. Le plan de bataille est en place. Je rejoins les bureaux de l'opérateur téléphonique Voilà, dont la fondation cherche à soutenir, entre autres, des activités scientifiques en Haïti. Je suis reçu chaleureusement par Bernard Fils-Aimé et Gérard Laborde, avec qui nous avons correspondu pendant les heures et jours qui ont suivi le séisme. Ils offrent l'accès à leurs nœuds de réseaux régionaux pour installer certains de nos sites de mesure.

L'objectif aujourd'hui est de récupérer le reste de l'équipe de terrain qui nous attend à Jimani, ville de la frontière haïtiano-dominicaine. Nous traversons douane et immigration sans encombre, montrant à peine nos passeports. Les Dominicains, premiers secouristes sur le terrain dans les heures qui suivirent le séisme, permettent encore une certaine « perméabilité humanitaire » de la frontière. Dès le surlendemain nous partons pour le terrain avec nos collègues haïtiens du Bureau des mines et de l'énergie, séparés en trois équipes qui couvriront les parties nord, centre et sud du pays. L'objectif est de déterminer les positions précises – à quelques millimètres près – d'une trentaine de sites géodésiques en deux semaines. Il sera atteint.

Situés pour la plupart sur des bâtiments, nous n'étions pas certains, pour ceux de la zone épicentrale en particulier, que nos sites de mesure aient survécu au séisme. Un inventaire gracieusement réalisé par l'armée américaine à l'aide d'images satellitaires classifiées, en échange de leurs coordonnées précises nécessaires à la géolocalisation de ces images, nous indiquera que tous ont survécu, même si certains bâtiments sont irréparablement endommagés. La mesure sur le toit du commissariat de police de Léogâne, vieux bâtiment en moellons très fissuré et instable au cœur de la zone de répliques, nous valut quelques sueurs froides.

Estelle, Sarah, Andy et Glen découvrent Haïti et s'adaptent aux désagréments post-sismiques et au rythme du pays. Dès la zone métropolitaine de Port-au-Prince quittée, tout se simplifie. Hormis la région épicentrale de Greissier–Léogâne, plus de débris dans les rues, le trafic insensé de la capitale n'est plus qu'un mauvais souvenir et le pays véritable s'ouvre. Aucun problème de sécurité, de circulation, ni d'accès à nos sites de mesure. Au contraire, la population est avide de nous aider et d'entendre nos explications sur le « goudougoudou », onomatopée inventée pour l'occasion, instantanément collective, qui image le bruit des bâtiments vibrant lors du séisme. Loin du technique « séisme » ou du réducteur « tremblement de terre », ce néologisme donne au séisme l'apparence d'une nouveauté, d'une anomalie, d'un phénomène tombé du ciel contre lequel on ne peut rien. Il rassure presque.

Nos équipes de mesure se déploient littéralement aux quatre coins du pays, de Môle Saint Nicolas à Jérémie, de Fort Liberté à Thiotte, en passant par La Gonâve, Dessalines, etc. Il nous manquera uniquement une mesure sur l'île de la Tortue, dont l'accès n'était pas possible dans le temps que nous avions. Une campagne de mesures sans encombre se déroule, nullement différente de celles réalisées avant le séisme, avec leurs difficultés coutumières de pneus crevés, pannes mécaniques diverses et poussière.

~

Dès mon arrivée en Haïti, puis pendant la campagne de terrain, je suis sollicité par le gouvernement haïtien, que nous essayions depuis de nombreuses années de convaincre de l'importance de la menace sismique avec mon collègue Claude Prépetit. Les sollicitations avaient en fait débuté dès le lendemain du séisme. Dans mon bureau à l'université, alors que les appels répétés des médias pour des entretiens stéréotypés commençaient à épuiser ma patience, le téléphone sonne à nouveau. Je décroche et réponds agressivement et sans attendre « Oui, qui est à l'appareil ? ». Après un bref silence, j'entends « Mr Calais, ici Paul-Antoine Bienaimé, ministre de l'Intérieur d'Haïti. Nous sommes en réunion de crise avec le gouvernement et voudrions vous poser une question : on nous dit que les répliques vont durer trois jours, est-ce vrai ? ». Après de rapides excuses je réponds que ce n'est bien sûr pas le cas et qu'il faudra rester vigilant pendant plusieurs mois. Je n'ose pas dire qu'il n'est d'ailleurs pas exclu qu'un séisme encore plus destructeur ait lieu – ce magnitude 7 pourrait bien être le signe avant-coureur d'un événement bien pire. « Merci Mr Calais », la communication est rapidement terminée. Évidence de la distance qui sépare un scientifique qui sait et peut peu, d'un décideur qui, lui, peut mais ne sait pas grand chose. Au final, je ne peux qu'être satisfait que cette question, aussi évidente qu'elle puisse paraitre, ait été posée.

Le deuxième contact eut lieu par téléphone un dimanche midi, quelques jours après mon arrivée en Haïti. « René Préval à l'appareil, je voudrais vous voir demain matin, merci de prendre vos dispositions, à bientôt. » L'ambiance n'était pas aux gags téléphoniques et je me présente au bureau du président de la République haïtienne le lendemain, accompagné de Claude Prépetit, ardent communicateur de la menace sismique en Haïti. La rencontre est étrange – le président Préval me parle surtout de tectonique des plaques, de subduction et de fissures dans sa maison. Je ne comprends pas, mais me dis que le choc sismique reçu par ce pays était bien plus profond que je ne l'avais imaginé. A moins que ce premier face à face n'ait eu d'autre but que de tester à qui il avait affaire ?

Présent en Haïti depuis plusieurs semaines, je réponds aux sollicitations des Nations Unies pour leur apporter les éléments techniques et le filtre scientifique nécessaires à quelques décisions d'urgence. Andrew Morton du Programme des Nations Unies pour l'Environnement (PNUE), seul géoscientifique d'une administration que le séisme avait dévastée, prend logiquement le leadership sur la question du séisme. Il bénéficie du soutien de scientifiques américains organisés en une task force que je co-anime avec mon collègue Art Lerner-Lahm de *Columbia University* (New York). Je suis donc invité au premier briefing technique du président de la République haïtienne en présence de la haute gouvernance des Nations Unies et de leur force armée en Haïti, la MINUSTAH. Mon collègue Andrew prend la parole dans un français correct, même si fortement teinté d'accent australien, pour dire qu'il « s'excuse mais va présenter son rapport sur le séisme en anglais ». Assis en arrière-plan, je ne relève pas. La présentation se termine, les yeux se tournent vers le président Préval. Il prend son temps, regarde chacun, puis se tourne vers moi : « Mr Calais, je n'ai rien compris. Pourriez-vous me résumer ce qui vient d'être dit ? » Je m'y attelle bien sûr, en me demandant si ce à quoi je viens d'assister est du lard ou du cochon.

Ma troisième rencontre avec le président Préval sera plus simple et moins protocolaire. Une amie à lui géologue, installée en France depuis de nombreuses années, vient de rentrer en Haïti. Elle obtient un rendez-vous pour plaider l'inclusion des séismes dans l'éducation, j'y suis convié. Nous parlons de beaucoup de choses mais assez peu de l'essentiel. Suffit-il de tout miser sur l'éducation ? Sur la communication ? A quel niveau et pour quel public ? Comment responsabiliser les individus ? Les gouvernants ? Que devrait contribuer l'international ? Si les solutions de mitigation son connues, comment les implémenter dans le contexte haïtien très peu régulé ? La discussion papillonne sans aborder sérieusement aucun de ces sujets. Je sors de cet entretien plus perplexe que déçu. Nous nous remontons le moral au rhum punch de l'hôtel Olofsson.

Le lieu est étonnant, grande demeure en bois de style « gingerbread » avec ses caractéristiques grandes ouvertures et pièces à hauts plafonds. Un brin décati, l'hôtel trône au milieu d'un parc arboré, à deux pas de la Place du Champ de Mars et du Palais Présidentiel. Une terrasse, un bar long et simple, quelques tables éparpillées. Et – à 5 heures du soir en semaine en tous cas – un calme et une fraicheur qui contrastent avec le chaos de la ville pourtant toute proche.

Une présence diffuse tranquillement des tableaux accrochés aux murs – Levoy Exil, Prospère Pierre Louis, Dieuseul Paul, Préfette Duffaut, Frankétienne et un magnifique André Pierre. Présence invisible plus prégnante que celle des serveurs, aussi sympathiques que nonchalants, et des ventilateurs tranquilles. L'hôtel est la propriété de Richard Morse, leader du groupe de musique racine RAM, qui s'y produit chaque jeudi soir dans une ambiance de transe. Bref, lieu incontournable ancré dans la profondeur haïtienne et ouvert sur le monde, capable du calme le plus serein comme des pires débauches.

Quelques jours plus tard, un nouvel appel du Palais Présidentiel me convoque. La réunion se passe en petit comité autour du Président Préval et de ses proches collaborateurs. Il m'explique qu'il souhaite s'impliquer sur la réduction du risque sismique. « Dites-moi ce qu'il faut faire », me demande-t-il. Je ne m'attendais pas à ce changement de cap et lui réponds de manière un peu générique qu'il faudrait établir une feuille de route contenant les principes qui assureront l'insertion de la réduction de la vulnérabilité dans la reconstruction et les approuver au plus haut niveau politique. On pourrait ensuite définir quelques actions concrètes à mener que la communauté internationale pourrait financer et que les Nations Unies aideraient à implémenter. Je mentionne en particulier l'importance de construire une force de jeunes Haïtiens formés à la recherche qui deviendront capables, à moyen terme, de prendre le dossier sismique en main. Je me rends compte a posteriori que je commençais à acquérir un discours normé, donc « entendable ». Il me répond « Très bien, mais il faut que quelqu'un s'occupe de mettre cela en place. Êtes-vous intéressé ? »

Je suis un peu pris de court, mais pas complètement. Depuis plusieurs semaines cette question me taraude – et si je sautais le pas, hors de mon cocon scientifique, pour me risquer dans l'application pratique de la science à la réduction du risque ? Serais-je capable d'avoir, finalement, un impact concret ? Quelques réunions mêlant science et application auxquelles je participe, dont *Rebuilding for Resilience : How Science and Engineering can Inform Haiti's Reconstruction*[3], un briefing sur le séisme au congrès américain avec mon collègue et ami Brian Tucker de *GeoHazards International*, des discussions avec mes collègues David Applegate et Michael Blanpied de l'USGS, Wayne Pennington alors *Jefferson Science Fellow* auprès de l'USAID, et Olga Cabello qui travaillait alors pour l'organisme américain de sismologie IRIS[4] m'aident à ouvrir les yeux sur un nouveau monde et m'encouragent à m'y risquer.

Au moment où la question tombe, je me sens finalement à l'aise pour répondre « oui, si vous me faites confiance et pensez que je suis la bonne personne, c'est d'accord ». Il répond « bien sûr ! » et, se levant, poursuit « et bien c'est parfait, merci à tous pour cette réunion. Mr Calais, suivez-moi dans mon bureau ». Il me fait asseoir à la grande table de réunion centrale et me dit simplement « bien, vous allez écrire pour moi une lettre adressée au Représentant Spécial du Secrétaire Général des Nations Unies en Haïti, Mr Edmond Mulet, dans laquelle je demande son soutien pour mettre en place ce dont vous m'avez parlé. Et vous écrivez que je souhaite qu'ils vous désignent pour accompagner cela ».

Nous sommes le vendredi 16 avril 2010. La lettre, brièvement relue par le Président Préval, passe à son secrétariat et, dans l'heure, est portée au bureau du Représentant Spécial avec une demande de réunion le lendemain matin pour officialiser sa réponse et discuter de quelques autres sujets du

---

3. Conférence organisée par le Conseil National Américain pour la Science et la Technologie, le Département d'État américain, l'Agence américaine pour le développement international (USAID), la Stratégie Internationale des Nations Unies pour la réduction des risques de désastres (UNISRD), le Service géologique américain (USGS) et l'Agence nationale de la science américaine (NSF) les 22 et 23 mars 2010 à Miami.

4. *Incorporated Research Institutions for Seismology*, `www.iris.edu`.

moment. J'y rencontrerai pour la première fois Nigel Fisher et Jessica Faieta qui prenaient leurs fonctions, respectivement de coordonnateur résident et humanitaire du système des Nations Unies et de directrice principale pour le Programme des Nations Unies pour le Développement (PNUD), respectivement, avec qui j'ai ensuite travaillé et pour lesquels j'ai développé un grand respect. Pour ce qui me concerne, le saut est fait. Plus question de revenir en arrière, il faudra gérer les conséquences de cette subite accélération du temps. Je n'étais pas inquiet. Tel le poilu de la guerre de 14 je partais la fleur au fusil. Cette naïveté était bien sûr la condition *sine qua non* d'une décision qui mélangeait raison et passion en un cocktail détonnant que je bus d'un trait.

Le président Préval avait-il cru mon petit discours sur la réduction des risques naturels ? Pensait-il vraiment que ma présence en Haïti allait pouvoir changer les choses ? Et d'ailleurs, ce sujet lui importait-il ? A l'automne 2010, alors que je suis maintenant en Haïti depuis plusieurs mois et au cœur d'élections législatives complexes précédant des présidentielles qui s'annonçaient tendues, René Préval m'annonce qu'il a décidé d'organiser une présentation de la situation sismique et des mesures à prendre pour sensibiliser l'ensemble du gouvernement et des deux chambres, députés et sénateurs. Content que mes discours portent leurs fruits, j'arrive au palais présidentiel, croise les paons dans la cour et monte sur une estrade installée dans le jardin pour l'occasion, face à un impressionnant parterre de ministres et parlementaires. Et bien sûr la presse au complet. Je fais mon show, réponds à quelques questions, puis le président Préval prend la parole pour expliquer que, face à la situation de menaces naturelles chroniques, il avait décidé d'agir, de mettre en place des solutions concrètes et d'associer à son action les meilleurs spécialistes mondiaux. Plus question de faire les choses à moitié, il prenait le problème en main. Étrange discours, me dis-je, mais mieux vaut-il entendre cela que l'inverse.

Je lirai le lendemain dans la presse que la cote du président remonte en flèche suite à ses déclarations concrètes de chef, de responsable. Il venait de détourner les regards des élections juste assez longtemps pour reprendre la main. Et voilà. La réduction du risque sismique transformée en alibi politique. Avait-il senti, lors notre première rencontre où il tournait autour de moi avec des questions anodines et décalées, l'avantage qu'il pourrait un jour tirer de ce thème ? A-t-il voulu me mettre dans son camp, m'a-t-il attiré en Haïti, payé par les Nations Unies, pour me garder sous le coude et, tel un joker, me sortir de sa manche de temps à autre ? Pas impossible.

Mais je suis en Haïti, là où je voulais être et, pour ce qui me concerne, à l'abri des élections. A moi d'en tirer avantage.

Chapitre III

Haïti

« Mais que fait donc cette servante, où est-elle et pourquoi rien n'est fait comme je le demande, ce n'est pourtant pas compliqué ! » Des cris ébranlent la maison de Delmas 31 où mon amie Roberte m'emmène rencontrer Frankétienne. Il apparait brusquement, à peine calmé de sa colère par la vue de ses visiteurs. Frankétienne, géant littéraire, Salvador Dali haïtien, « délire vivant et contrôlé, qui est parce qu'il délire et qui délire parce qu'il est » comme l'écrit Dali de lui-même. Créateur multiforme, il écrit, peint, joue, chante. Boule d'énergie de 74 ans, « volcan en perpétuelle éruption » écrivait Jean-Marie Drot, il remplit instantanément l'espace de l'ampleur de son intelligence chaude. Science – il fut professeur de physique – littérature – il fonde le spiralisme avec Jean-Claude Fignolé et René Philoctète – art – il expose ses tableaux dans le monde entier. Il est dans toutes les dimensions et livre une œuvre en dépassement total de tous schémas et contraintes.

Sa maison a souffert du séisme et, même si elle est restée debout, les réparations seront complexes et coûteuses. Il me montre les dégâts, m'explique qu'il se trouvait à l'intérieur pendant l'événement avec un journaliste sud-américain venu lui parler du divin dans son œuvre, que ses tableaux ont été projetés des murs, certains abimés, cadres explosés. Il en déroule un époustouflant échantillon à même le sol sous sa galerie. L'un d'entre eux, « Le Roi », me prend d'assaut (Figure III.1).

En novembre 2009, sous l'impulsion d'une révélation venue d'hors ce monde, Frankétienne écrit la pièce *Melovivi ou le Piège*. Un huis-clos où « deux individus, A et B, sont enfermés, prisonniers dans un espace délabré, dévasté, sans issue, à la suite d'un drame. Pour ne pas crever dans ce lieu d'enfermement, ils parlent, déparlent, délirent sur les malheurs provoqués par les prédateurs de la planète. » Le 12 janvier 2010 le séisme ébranle Port-au-Prince. « Danse cadence décadence ! Les assiettes faïence et les assiettes porcelaine roulent et s'écroulent en défaillance dans la fragile obscurité des failles », s'agite A. Frank a su avant tous. Il a vu l'essoufflement, la fragilisation, la résistance vaincue qui ne peut mener qu'à la rupture.

Frank reconstruit sa maison, augmente le diamètre des poteaux qui la soutiennent et y peint fresques et visages post-sismiques. Il monte sur scène le 26 avril 2010 et joue la première représentation de *Melovivi* avec Garnel Innocent au Parc Historique de la Canne à Sucre. L'énergie est énorme, « un séisme théâtral », titrera *Le Nouvelliste*. Car Frank est énergie. Son jeu, sa peinture, son écriture sont énergie. On « lit » Frankétienne parce qu'aucun autre verbe ne décrit l'acte réflexe d'extraire un sens de signes couchés sur du papier. C'est pour cette même raison qu'il ne faut pas lire Frankétienne, mais accepter de se laisser envahir par son énergie. Si dans le tourbillon fou des mots qu'il aligne des briques élémentaires émergent, disparates, tel des récifs formant la trame d'une histoire ordinaire, alors tant mieux. Sinon tant mieux aussi. On aura au moins aperçu, si on accepte le risque de naviguer une mer tumultueuse parsemée d'écueils invisibles, que ce flux nous détache de notre misère.

Mario vit au fond de cette ravine de Bourdon, encadré de famille et un peu décadré. Il est l'artiste qui risque tout, son corps, son âme. Il me montre ce triptyque fabuleux, ces visages agressivement exsangues de vert et rouge, faces haïtiennes incrustées dans leur douleur bicolore. Mario est un

FIGURE III.1 – Gauche : Le Roi, Frankétienne. Droite : sans titre, Lafortune Félix.

habitué de la galerie Monnin, qui le mérite bien. Âme complexe, homme complexe, il a plus à dire que n'importe qui, surtout dans ses périodes difficiles. Qui est toujours recommandable ?

~

Artibonite. Chanson, rivière et département. On y monte de Port-au-Prince par la côte des Arcadins. Passant Saint Marc et ses nuées de motocyclettes, on monte la pente de Grand Morne. Là, au sommet, il faut s'arrêter un moment à l'endroit évident où la topographie offre une vue à couper le souffle. Artibonite. Je me demande ce que les premiers étrangers, blancs et noirs, purent penser à ce même endroit en découvrant cette énorme plaine verte et humide, fertile, tranquillement sortie des montagnes et ouverte sur la mer. Maintenant aménagée pour l'agriculture, elle est devenue le grenier à riz du pays – le « riz national ». Pourtant, publicités radiophoniques et télévisées vantent en continu les mérites du riz Tchako, importé des États-Unis à grand renfort de dumping économique et – un comble ! – moins cher que le riz national. Un mécanisme mis en place sous l'administration Clinton, dont ce dernier s'est repenti depuis, mais qui continue de dérouler son injustice à la face de tous. Aide au développement ? De qui, des riziculteurs pesticidés et transgénifiés de Louisiane ?

Descente vers Pont-Sondé, direction Petite-Rivière et arrêt à Ségur chez Lamarre. Dans la cour une banderole indique « Le vaudou est-il une religion ? » Je ne suis donc pas le seul à me poser la question. Avant que je n'aie rien compris, les raras investissent le lieu et la cour se déchaîne. Une foule énorme, colorée et enmusiquée, déboule et se faufile, stagne, puis reprend un chemin incompréhensible. Instruments bizarres, danses étranges. Une jeune femme sort de la farandole pour acheter une bouteille d'eau sous le balcon où je me trouve. Elle puisse quelques gourdes dans sa culotte, dont sort aussi un sexe à faire pâlir. Bon, madame est monsieur. Transformation parfaitement acceptée. Extraordinaire tolérance – refuser changerait quoi ? La fête se déploie, les groupes se succèdent. Nous sommes au fond du monde, et il vibre au son de tambours, bambous et cornets issus d'une imagination populaire bien vivante.

Quelques kilomètres plus loin, à l'intérieur des terres, Petite Rivière de l'Artibonite est un grand village d'un autre temps. Il rassemble un marché imposant, point névralgique de l'économie locale. Le palais des 365 portes y trône, vestige abandonné de la monarchie d'Henri Christophe, roi du nord d'Haïti de 1811 à 1820. Un groupe de jeunes a établi son terrain de football en salle dans ce bâtiment qui part à vau l'eau mais dont quelques portes tiennent encore debout. Le lieu est irréel, avec bien moins de 365 portes mais une allure extraordinairement présente qui assume totalement des temps révolus (Fig. III.2).

Sur les hauteurs de la ville, la colline de la Crête-à-Pierrot domine d'une centaine de mètres les méandres de la rivière Artibonite. Elle vit la défaite, sanglante pour les deux camps, des troupes françaises de Rochambeau face à Dessalines le 24 mars 1802. Il faudra encore deux ans et toute

FIGURE III.2 – Gauche : palais des 365 portes à Petite Rivière de l'Artibonite. Droite : Célébration de Pâques à Ségur, les « raras » sont de sortie, groupes de musiciens d'inspiration vaudou utilisant des instruments rustiques tels que trompettes en bambous ou à base de tuyaux métalliques et percussions diverses.

l'intelligence politique et militaire de Toussaint Louverture pour que la colonie s'émancipe et devienne la première république noire le 1er janvier 1804 sous l'autorité de Dessalines, nommé Gouverneur Général à vie. Le mulâtre Alexandre Pétion s'illustre, il deviendra un important politicien haïtien après l'assassinat de Dessalines le 17 octobre 1806. Pétionville lui doit son nom, faubourg de Port-au-Prince aisé dit-on, en réalité de plus en plus socialement complexe. Le sommet de la colline est occupé par les restes de la fortification derrière laquelle Dessalines et ses troupes s'étaient retranchés. Au centre, le magasin d'armes est encore en place. La colline domine les alentours, son avantage tactique est clair. Difficile pourtant d'imaginer que cette vue apaisante sur une nature tranquille ait pu héberger un siège de feu et de sang.

Pont-Sondé, et plus bas Saint Marc, sont les terres de Lafortune Félix, prêtre vaudou et peintre devant l'éternel. Autodidacte paysan, ce grand petit homme produit des pièces colorées d'inspiration vaudou d'une force démesurée. Scènes symboliques d'un monde surnaturel. Rapprochement des deux mondes, celui où l'on vit et celui où l'on croit. Frontière omniprésente pour les affranchis, invisible pour les autres. Lafortune somnole dans une petite pièce vide, un téléviseur hurle un match de football. Il fait baisser le son et nous emmène à l'étage, un rouleau de toiles sous le bras. Il les étale tranquillement à même le sol de ciment, marchant allègrement sur les unes pour déplier les autres. Je calcule rapidement le prix du tapis de sol improvisé – Lafortune Félix, « le dernier des grands peintres de l'Artibonite » comme le sous-titre le cinéaste haïtien Arnold Antonin dans un film à son hommage, est un peintre d'envergure internationale, coté et très demandé, notamment aux États-Unis. Une toile me prend d'assaut, par évidence.

Il faut finir cette petite promenade par cette vieille demeure de Port-au-Prince, un peu abimée par le tremblement de terre mais bien plus par les ans. Elle a ce schéma ancien de pièces hautes de plafond donnant sur un corps central qui rassemble la vie. L'ensemble est littéralement jonché de peintures haïtiennes, de la moyenne aux plus hauts sommets de la qualité artistique, mélangés à des vêtements qui sèchent et au repas à venir. Incroyable caverne d'Ali Baba où les meilleurs peintres du pays, vivants et morts, se reposent tranquillement sous un toit qui fuit. Legros trône nonchalamment au milieu de cet art extraordinaire, qu'il déroule et explique avec passion et gentillesse – son revolver toujours à portée de main. Roberte s'y approvisionne de temps à autre et s'est constitué une belle collection, de Zéphirin à André Pierre, en passant par Levoy Exil, Payas, Wilson Bigaud ou Tiga. Seul Mario lui résiste !

Roberte et son mari Jean-Raoul, comme d'autres universitaires haïtiens assurent à la fois le fonctionnement de l'université et des cours du meilleur niveau pour quelques centaines de dollars par mois. Ils font partie de quelques cohortes d'haïtiens formés en France dans les années 1980 dans les meilleures écoles et universités – Ponts, Mines, Paris VI – et qui rentreront s'établir en Haïti. Acteurs et victimes des instabilités qui suivirent la chute du régime duvaliériste, ils doivent généralement leur survie économique au secteur privé. Beaucoup mènent leur bureau d'étude ou travaillent comme consultants, ce qui limite de fait le temps et l'énergie qu'ils peuvent consacrer à l'université, où ils assument pourtant leurs fonctions avec un dévouement et un professionnalisme étonnants dans le chaos ambiant. Malheureusement, ce fonctionnement limite aussi les bénéfices que l'université pourrait tirer de collaborations avec des équipes étrangères, qui ne sont profitables que si une véritable activité de recherche peut s'installer dans des laboratoires universitaires en Haïti. On mentionne souvent le manque de capacité haïtienne – c'est plutôt un réceptacle qui lui manque, le contenu s'échappe donc faute de contenant. Nous reviendrons sur ce thème.

~

La descente sur Delmas le dimanche après-midi, la mer en ligne de mire, est un plaisir. Le calme sur cette artère normalement surchauffée de véhicules insupportables réconcilie avec la ville. Virage vers Musseau, puis descente tranquille sur la « Panaméricaine ». Le stress de la semaine s'est envolé, je vois à peine les quartiers précaires de Bourdon, leurs constructions anarchiques entre glissements de terrain et fonds de ravines régulièrement inondées.

Quel contraste avec la ville bouillonnante de la semaine, où marchandes encombrent les trottoirs et tap-taps les rues, où une nuée d'hommes et femmes semblant sortir de nulle part envahit le moindre recoin. La population d'Haïti, environ 500 000 habitants à l'indépendance en 1804, est multipliée par 20 depuis et dépasse les 10 millions en 2010. Dans la période récente, cette croissance s'accompagne d'une urbanisation accélérée, le pourcentage de la population urbaine passant de 12% en 1950 à 25% en 1982 puis 40% en 2003. L'aire métropolitaine de Port-au-Prince – les communes de Port au Prince, Carrefour, Delmas, Pétionville, Cité Soleil,

Tabarre – constitue un pôle d'attraction majeur : on estime qu'il absorbe 90% des migrants venant de province. De fait, la population de cette conurbation atteignait 2 255 260 habitants en 2008 selon l'estimation de l'Institut Haïtien des Statistiques et de l'Information (IHSI, 2008).

Une telle croissance et concentration de population favorisent évidemment le développement d'une vulnérabilité difficile à contrôler quand les conditions économiques de la majorité ne leur permettent pas de s'offrir le luxe d'un habitat protégé des menaces naturelles. De plus, la topographie de la ville est accidentée, exposée aux éboulements et inondations – deux processus eux-mêmes exacerbés par un développement urbain brutal et non raisonné. Asphalte et béton limitent l'infiltration et augmentent le ruissellement, donc l'inondation, tandis qu'affouillements en base de falaise pour construire sur de plus grandes surfaces favorisent les effondrements de terrain. C'est un b.a.ba de la géotechnique.

Le séisme fut – brièvement – l'opportunité de changer la donne en profitant du mouvement de retour vers les provinces qui se met spontanément en place dans les premières semaines qui suivent le séisme. Mais, alors que les Haïtiens dorment au clair de lune et s'auto-organisent dans les cours et les quartiers, l'aide humanitaire déboule et déroule sa solution *one size fits all* – une taille pour tous.

Ils furent pourtant nombreux ceux qui s'organisèrent spontanément pour offrir maison, soupe, vêtements ou argent aux populations affectées. Mais la déferlante humanitaire est irrésistible et la présence massive de l'aide internationale sonne le glas des efforts haïtiens. La perception devient alors *blan porte pou nou, ba nou*[1] et la dépendance s'installe. Marchandes d'eau et médecins se retrouvent logés à la même enseigne, perdant leur clientèle au profit de l'aide extérieure gratuite.

1. Créole pour « L'étranger nous apporte et nous donne. »

Des camps de réfugiés sismiques s'installent, la MINUSTAH est omniprésente. Y-aurait-il confusion entre difficulté politico-économique chronique et conflit armé ? Haïti n'est pas en guerre. Eau potable, nourriture, soins médicaux et même divertissements alimentent ces camps, améliorant sans aucun doute le quotidien des hommes et femmes en souffrance. Des aides supplémentaires apparaissent telles les logements temporaires – les *T-shelters* – et les programmes *cash for work*. Pour qui a émigré le message est simple : des opportunités apparaissent dans la capitale, il faut revenir en profiter. Et pour les autres il est encore plus simple : profitons des camps le jour et dormons chez nous la nuit. Dans un pays où on loue en rotation des espaces de repos, le raisonnement a tout son sens.

La conséquence est alors triviale : les flux migratoires s'inversent rapidement vers le bassin d'opportunité qu'est en train de créer l'aide internationale. Cette « démigration » inclut même de nouveaux provinciaux qui décident de s'expatrier vers la capitale. L'espoir d'une décentralisation s'évanouit. Pire, le flux de migrants venant des provinces stresse l'habitat encore plus qu'avant le séisme. Il devient alors très probable que le pays atteigne le niveau d'un pays urbain beaucoup plus tôt que ne le prévoient les projections démographiques [3].

De mauvaises bonnes solutions apparaissent, comme Canaan, désert de rocaille qui devient refuge dès que la zone est proclamée d'utilité publique par le gouvernement le 22 mars 2010, sous forçage de l'armée américaine et de l'acteur Sean Penn, animateur d'ONG et agent lubrifiant des relations américano-haïtiennes. Malgré la distance à la ville et son environnement hostile, Canaan se construit sous une pression humaine difficilement contrôlable et se développe sur les promesses non tenues, dont 2 milliards de dollars de la Banque Mondiale pour la viabilisation le développement d'une zone économique intégrée. Aujourd'hui Canaan abrite entre 50 000 et 100 000 habitants qui se sont accaparé ce terrain sans eau, sans arbres et exposé plein sud en y « marquant leur lot » et y construisant leurs petites maisons, parfois en bois, parfois en briques, avec le soutien de l'OIM et d'ONGs telles que World Vision, Oxfam ou ARC. Après en avoir fait leur terrain d'expérimentation [7], ces organisations ont quitté les lieux, laissant les habitants à eux-mêmes sur un territoire non gouverné et toujours non viabilisé. Un projet d'urbanisation existe – pourra-t-il jamais être mis en place dans cet espace déjà occupé, déjà bidonvillisé – ou deviendra-t-il le futur Soweto Caraïbe [6] ?

Dans cette cacophonie post-sismique, les Haïtiens sont inaudibles. Peu organisés et surtout trop polis, ils observent sans beaucoup intervenir. Certes l'international est un blocage, parfois exercé à coup de réunions en anglais comme ce fut régulièrement le cas lors des discussions du PDNA [2]. Mais je soupçonne que la cause de ce silence assourdissant ne soit bien plus profonde : les Haïtiens ont simplement cessé de croire, depuis longtemps, que l'aide viendra de l'extérieur. Séisme ou pas. Ils souffrent de leur impuissance à faire mieux que le doux asservissement auquel ils se prêtent et laissent avec politesse le blanc s'engouffrer dans le boulevard que leur offre un pays sans projet, sans nation. Difficile de construire au travers d'une société hyper-stratifiée, avec ses bases de bancs étanchéifiées par l'argent et les nuances de peau, et où la classe moyenne pèse si peu. Alors un tango s'installe, où les deux partenaires, Haïti et le reste du monde, exécutent leurs pas codifiés en rythme parfait, les yeux dans les yeux et la tête ailleurs.

~

Le collège Catts-Pressoir [3] de Port-au-Prince offre une éducation qui n'a rien à envier à ses *alter ego* des pays dé-

2. *Post Disaster Needs Assessment* [2].
3. `catsspressoir.org`

veloppés. En plus du cursus académique classique, le collège expose ses élèves aux arts, aux sciences et à la société. Bref, c'est un collège « normal » au sein des difficultés du système éducatif haïtien. Nous étions en contact bien avant le séisme car leur idée – prémonitoire en quelque sorte – était de s'équiper d'un sismomètre pour suivre l'activité régionale et contribuer à développer chez les élèves une conscience de leur environnement naturel. Une initiative haïtienne qui n'a pas attendu l'occupation post-sismique pour s'occuper d'un problème qui leur appartient. Le séisme de 2010 précipita l'agenda et le collège put s'équiper d'une station sismologique dans le cadre du programme « Sismo des Écoles » [8]. En janvier 2001, le Dr Guy Étienne, directeur du collège, réunira collaborateurs français et élèves pour une visioconférence particulièrement riche qui mettra en avant le travail des élèves sur les séismes et leur propre expérience – parfois émouvante – du 12 janvier 2010. Exemple invisible d'efforts haïtiens qui touchent massivement de jeunes Haïtiens.

En 2011 l'association ENOSDN – « Entente Nord-Ouesienne pour le Soutien au Développement National »– animée par des jeunes de Petite Rivière dans le département du Nord-Ouest, pourtant non spécialistes des séismes, commence à se documenter sur le sujet. Ils ont l'ambition de promouvoir leur région et son développement tous secteurs confondus, éducation, santé, sport, culture, environnement, etc. Ils tireront de leurs recherches un livre « Les séismes, qu'est-ce que c'est ? », que j'ai eu le plaisir de préfacer. J'écrivais notamment qu'« une population bien informée sur la menace sismique est une population préparée. C'est aussi une population capable de faire, en son sein et auprès de ses dirigeants, le plaidoyer pour imposer une plus grande sécurité sismique. Trente cinq secondes de mouvement du sol ont suffit pour prendre au pays 100% de son produit intérieur brut et plus de 220 000 de ses citoyens. Cela n'est pas acceptable car la menace était connue et les solutions de prévention disponibles. Ce livre est un très bon premier pas pour mieux comprendre cette menace et donc pour s'y adapter, en citoyen responsable. » Le livre d'ENOSDN explique en termes simples et compréhensibles par leurs amis et leurs familles – donc utiles – le phénomène sismique et comment s'y préparer. Dans cette région exposée à la faille Septentrionale, l'initiative est particulièrement remarquable – et n'a attendu ni idée ni aide extérieure pour se réaliser. Nombreuses sont les associations et les initiatives de la société civile haïtienne qui, comme ENOSDN, se mobilisent intelligemment pour le progrès et le développement – tels qu'ils le conçoivent eux – de leur pays. La capacité locale, que l'aide internationale veut développer, existe donc bien.

Suite au séisme, de jeunes étudiants haïtiens se démarquent et décident de s'orienter vers les sciences de la Terre. Un agronome vire sa cuti et se lance dans la géologie, des ingénieurs civils se lancent dans la sismologie et la géodésie. Ces derniers bénéficieront d'une bourse de la Fondation Voilà, alors un des opérateurs téléphoniques en Haïti [4]. D'autres se forment en géotechnique, en génie parasismique, en aléa sismique au Canada, en Belgique, en France. Le séisme produit une nouvelle génération de docteurs haïtiens en sciences de la Terre, après une interruption de 20 ans. Rentreront-ils tous en Haïti ? Probablement pas, mais il faut travailler à leur rétention, leur donner la possibilité d'exprimer leurs talents, les mettre en responsabilité, les accompagner pour monter des projets qui financeront leur recherche.

Oui, la recherche, en Haïti et par des Haïtiens. Un luxe, pourrait-on croire ? Les cahiers Messi et Ronaldo distribués par l'UNICEF sont-ils un moyen plus durable, plus structurant pour changer l'avenir des jeunes et du pays ? L'éduca-

4. Ces deux bourses – discutées pour la première fois en 2008 – doivent leur existence à la vision de Bernard Fils-Aimé, alors président de la Fondation Voilà, qui a tenu parole.

tion de masse est évidemment nécessaire, mais on doit admettre que les centaines de millions de dollars dépensés dans ce secteur servent aussi à alimenter les 84% d'Haïtiens qui quittent le pays après leurs études supérieures. On alimente un brasier dans une cheminée mal réglée qui fuit sa chaleur par le toit sans réchauffer la pièce. Construire un système d'enseignement supérieur et de recherche – l'un ne peut aller sans l'autre – est un moyen de rétention, de progrès et d'indépendance.

Alors que retenir ? Un pays contrit dans son passé glorieux et lointain, incapable de faire face au 21ème siècle, dépendant d'une aide internationale contente de s'offrir, de se déployer sur le marché profitable du soutien au développement ? Ou un pays capable, à sa vitesse et selon ses références, de s'organiser, de réagir avec calme et respect à une catastrophe qui dépasserait n'importe quel autre de ses pairs ?

~

Gaétan a peu à faire pour me convaincre, ce samedi, d'une partie de chasse. Il fabrique ses cartouches et me prête un fusil pour une journée de sarcelles, canards migrateurs. Nous partons tôt le matin. Il rassemble ses rabatteurs sur le chemin et nous nous approprions un terrain humide pas très loin de l'aéroport international de Port-au-Prince, juste en dessous de Canaan. Le gibier est au rendez-vous, Gaétan est au sommet de son art. Je tire mais reste loin derrière, je constate et accepte mon maigre rendement. Nous pataugeons dans la boue toute la matinée et en sortons trempés, sales et puants – mais contents. Nous déposons les rabatteurs, et après quelques haltes rafraichissement, faisons « route terre » comme disent les marins bretons. Petite parenthèse hors du monde.

FIGURE III.3 – Présentations sur le risque sismique dans le nord d'Haïti organisées par le Centre de Promotion et d'Action Citoyenne (CPAC) et la Faculté des Sciences (FDS) de l'Université d'État d'Haïti. Haut : bannière d'introduction des conférences au Cap Haïtien, lycée Philippe Guerrier, Cap Haïtien. Milieu : de gauche à droite : Christian Rousseau (professeur à la FDS), Eric Calais, Fritz Jean (CPAC). Bas : le public attentif, mais que l'on sent résistant à notre intervention.

Chapitre IV

Premiers pas

À ce stade du récit, il est utile de rappeler l'état de l'art en Haïti en janvier 2010. Le pays ne possède pas de réseau sismologique. L'ingénieur Claude Prépetit du BME déploie une énergie phénoménale pour que son pays prenne conscience de la menace sismique, mais le pays ne dispose pas de sismologue et encore moins d'une masse critique de géoscientifiques capables d'un plaidoyer efficace. Les écoles et universités n'incluent pas les séismes dans leurs programmes. La dernière carte géologique date de 1980 et son échelle, au $1/250\ 000^{\text{ème}}$, est insuffisante pour représenter la variabilité géologique pertinente pour les études d'aléa sismique. La carte d'aléa sismique la plus récente – *Global Seimic Hazard Program*, GSHAP [28] – est un effort global qui lisse l'aléa avec un zonage Nord-Sud en Haïti (Fig. IV.1) alors que les failles actives majeures sont de direction Est-Ouest. Le fait que l'aléa ne suive pas les failles sismiques majeures est une indication évidente que quelque chose ne colle pas. Dès avril 2010, la compagnie de réassurance SwissRe publie une mise à jour drastiquement différente [29], confirmée quelques mois plus tard par une étude de l'USGS [12].

Une carte d'aléa sismique un peu fausse, ce n'est finalement pas très grave pourrait-on penser ? Le rapport *Natural Disaster Hot Spots* réalisé sous l'égide de la Banque Mondiale est intéressant de ce point de vue [10]. Il quantifie de manière globale les menaces naturelles pour informer les décideurs internationaux sur les priorités de mise en œuvre de mesures de prévention. Au chapitre *hazard data* du rapport on lit dans le tableau 3.3 que le calcul sera basé sur 1) la carte d'aléa GSHAP et 2) le catalogue de sismicité instrumentale de 1976 à 2002. Ce n'est vraiment pas de chance pour Haïti car outre le fait que la carte d'aléa est inexacte, le pays fut sismiquement calme pendant cette période – d'autant plus qu'il n'est pas équipé de réseau d'écoute sismologique ! Il a pourtant subi plusieurs séismes destructeurs au XVIIIème et XIXème siècles comme le montre la figure I.2. Pas de surprise donc de lire pendant plusieurs années sur le site des Nations Unies *Prevention Web* que la population haïtienne exposée aux séismes est de 13 950 personnes et que le coût des biens exposés est de 40 millions de dollars. Le géoscientifique qui connait un tant soit peu la géologie de la Caraïbe saute au plafond et invective les technocrates de la gestion des risques. Mais à l'inverse, on doit se demander pourquoi les géoscientifiques – moi le premier – ont laissé passer une erreur de deux ordres de grandeur dans un rapport qui détermine les investissements internationaux de prévention des risques naturels en Haïti.

Par ailleurs, la réglementation de la construction avant 2010 n'est pas codifiée et les préconisations parasismiques réglementaires sont inexistantes. La construction parasismique est laissée au bon vouloir des ingénieurs dont certains, particulièrement informés et vigilants, appliquent des règles de leur propre chef. Dans un pays où 90% de la construction est informelle, les maçons jouent un rôle au moins aussi important que les ingénieurs et architectes mais aucun n'était formé à la maçonnerie chaînée. Depuis le séisme, des formations ont été mises en place par le ministère des Travaux Publics haïtien, notamment avec le soutien de la coopération suisse. Enfin, on a beaucoup dit qu'aucune planification ou contingence n'avait été prévue pour la catastrophe sismique. La protection civile haïtienne animait pourtant une réunion sur ce thème le 12 janvier 2010 et des dépliants de commu-

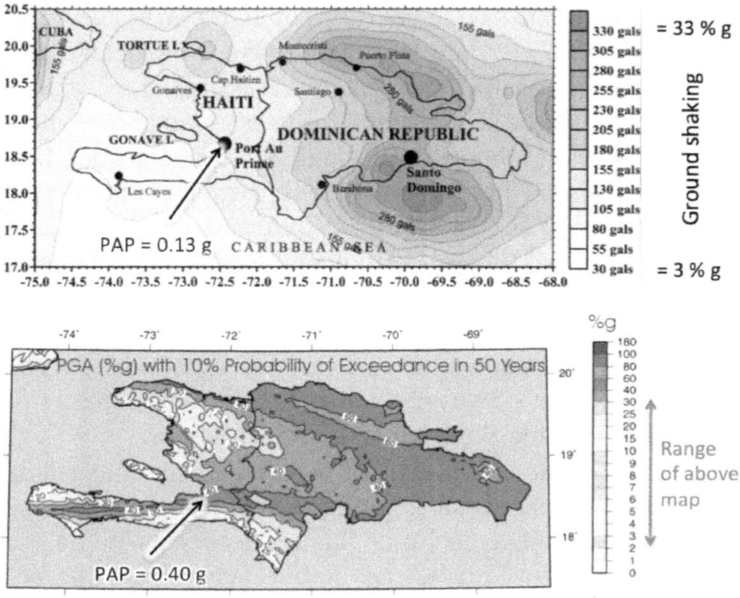

FIGURE IV.1 – Comparaison des cartes d'aléa sismique du *Caribbean Disaster Mitigation Project* [1] et de l'USGS [12]. Cette dernière utilise des informations sur les failles sismogéniques qui étaient connues avant 2010.

nication sur la conduite à tenir en cas de séisme étaient en discussion. La réunion fut interrompue par l'effondrement du bâtiment où elle se tenait, tuant plusieurs cadres haïtiens ardents défenseurs de la réduction du risque sismique – dont Gina Porcena, directrice du Centre national de l'information géospatiale (CNIGS) et Jean-Arsène Constant, directeur national du programme d'appui au système national de gestion des risques et désastres de l'Union Européenne.

Une prise de conscience commençait, mais les avancées concrètes ne pouvaient qu'être lentes. Il est difficile pour les gouvernants et la population, démunis face aux vérités scientifiques que nous leurs assénons, de comprendre l'urgence sismique. Que faire, comment agir, quand le message est celui d'une menace redoutable mais vague, implacable mais imprévisible ? Constat d'autant plus frustrant qu'au fond le problème du risque sismique n'existe pas : la menace – même en Haïti – était connue et les solutions – même pour Haïti – l'étaient aussi. Chaque séisme nous renvoie d'ailleurs cette évidence en pleine face. Ma décision de passer deux ans en Haïti comme conseiller scientifique pour les Nations Unies au service du ministère de l'Intérieur relevait de ce constat et du besoin de comprendre les mécanismes qui permettent de transformer la connaissance scientifique en action. Le choc fut rude. J'allais découvrir l'univers des « zouzounes et des gros zotobrés de la planète [1] » de Frankétienne.

Venant du monde cartésien de la recherche scientifique, je pensais naïvement que le cercle vertueux commençant par proposition de recherche, puis financement, collecte de données, analyse des données puis publication, avant une nouvelle proposition de recherche, allait s'appliquer d'une manière ou d'une autre à mon nouveau travail. Après tout, il devait s'agir de formuler une politique, de l'implémenter, d'en évaluer les impacts, de modifier l'agenda en fonction des résultats, avant de reprendre la formulation de politiques publiques nouvelles et mieux adaptées. C'est bien sûr sans compter sur les relations complexes entre de multiples acteurs – gouvernement, bailleurs de fonds, système des Nations Unies, société civile, ONGs, secteur privé. Tous se connaissent sans nécessairement se faire confiance ; tous se parlent sans nécessairement se dire la même chose ; tous s'écoutent sans nécessairement entendre la même chose, tous s'acceptent sans nécessairement se respecter. Le tout sans chef d'orchestre, ce qui rend la partition bien confuse.

C'est « la vraie vie » avec la particularité d'une hyperprésence internationale qui fonctionne comme un pays dans le pays, dont l'intersection avec Haïti est non nulle, mais qui

1. Dans *Melovivi ou le piège*, 2010.

n'est pas Haïti. Les Haïtiens me semblent de fait être ailleurs, fonctionner ailleurs, rêver ailleurs, dans le vrai Haïti qu'ils préservent, qu'ils livrent peu, et dont on doit se demander de quelle assistance il a véritablement besoin.

~

Je commence à mieux comprendre l'une des facettes de mon rôle quand le ministre de l'Intérieur me convoque un jour de 2010 « pour une affaire urgente ». J'arrive *illico presto* et il me dit : « On nous annonce qu'un tsunami arrive sur Port-au-Prince, certains pensent qu'il faut évacuer le bas de la ville – qu'en pensez-vous ? » Ce jour-là, un séisme modéré avait en effet eu lieu dans les Antilles françaises. J'explique qu'il est impossible qu'un séisme de cette magnitude et si lointain génère un tsunami à Port-au-Prince. C'est une évidence scientifique, mais je dois déployer des efforts importants pour convaincre – j'en suis surpris. En connait-on vraiment assez pour être certain qu'il n'y a aucun danger ? Le fait que ce type de séisme n'ait jamais généré de tsunami démontre-t-il que c'est impossible ? Mes interlocuteurs finissent par se rendre à l'évidence d'une rumeur infondée, efficacement propagée au travers de la peur résiduelle du 12 janvier 2010. Quant à moi, je retiens que l'explication sera sans doute au cœur de mon activité en Haïti – ce sera effectivement le cas.

Quelque temps après mon arrivée, la directrice de la protection civile haïtienne me fait suivre le message suivant : « Dans le cadre de notre projet en préparation et prévention des risques de catastrophes, *The Johanniter* a fait installer une sirène d'alerte aux tremblements de terre dans la ville de Léogâne. Ce système a pour objectif de prévenir les populations de la ville de l'arrivée imminente d'un tremblement de terre afin que la population puisse se préparer en vue de la catastrophe. Nous avons le plaisir de vous inviter à la cérémonie de remise officielle de cette sirène à la Protection Civile et serions honorés par votre présence ce jeudi 20 octobre 2011 à 10 heures à la mairie de Léogâne ». L'ONG allemande en question, spécialisée dans l'assistance médicale, les prothèses et la rééducation, aurait-elle trouvé la parade miraculeuse qui va, enfin, régler le problème sismique ? Non bien sûr, mais la situation contient un emboîtement de questions qu'il est intéressant de décortiquer car elles sont symptomatiques d'un certain fonctionnement de l'aide internationale.

On doit d'abord se demander quelle est la fiabilité d'un dispositif qui, s'il était opérationnel et efficace, équiperait déjà toutes les mairies de Californie, du Chili ou du Japon. Le Japon a investi des centaines de millions de dollars dans un dispositif d'alerte certes fonctionnel, mais basé sur un réseau de dizaines stations sismologiques transmettant leurs données en temps réel sur des réseaux de communication ultra-sécurisés et renforcés. La Californie investit actuellement des sommes importantes pour la mise en place d'un système équivalent. Dans les deux cas, ces systèmes d'alertes sont plus conçus pour les infrastructures – fermer les vannes des circuits de gaz ou d'électricité, arrêter les trains – que pour avertir la population. Par ailleurs, même si on sait très rapidement détecter l'occurrence d'un séisme, déterminer sa magnitude à partir des premières secondes d'information est un sujet de recherche de pointe qui n'a rien d'opérationnel. La situation est donc très différente de celle d'un cyclone dont on suit la trajectoire en temps réel ou d'une inondation que l'on peut détecter à l'aide un réseau de limnimètres en amont d'une zoen urbanisée. On peut, dans ces deux cas, faire sonner plusieurs heures à l'avance une sirène avertissant la population d'un danger face auquel elle a le temps d'évacuer en ordre. Ces concepts, relativement évidents pour le géoscientifique, sont complexes et nécessitent une explication, une traduction, afin qu'une décision informée puisse être prise.

Sur le registre institutionnel, on doit aussi se demander pourquoi ce message d'invitation adressé à la directrice de la protection civile – qui répond directement au ministre de l'Intérieur ! – est envoyé le 19 octobre 2011 pour une cérémonie d'inauguration le lendemain et, de plus, concerne un dispositif dont la protection civile n'a jamais été informée au préalable. La question suivante est évidemment « qui a demandé l'installation de ce dispositif ? » En remontant le fil de cette question, on apprend qu'il s'agit en fait d'une initiative de l'ambassade d'Allemagne suite à une visite de terrain organisée par l'ONG en question. Le maire de Léogâne, dont la population vient d'être décimée et à qui l'on fait cette proposition mirifique ne peut refuser. Evidemment, la question de la maintenance opérationnelle du système sur le long terme n'était pas traitée ni le fait que les systèmes d'alertes sont efficaces si et seulement si ils sont utilisés régulièrement de manière à ce que la population acquière les bons réflexes de réponse. En admettant que la sirène soit encore fonctionnelle, aucun séisme significatif n'a eu lieu au cours des cinq dernières années et Johanniter a, depuis, quitté Haïti.

Haïti est à l'évidence une zone hors-contrôle, sorte de *far west* des temps modernes où il suffit d'arriver, de s'installer, de se faire quelques amis pour ensuite tout se permettre. Les scientifiques ne sont pas en reste, j'observe une pratique finalement classique mais dont je n'avais jamais mesuré les dégâts. Elle consiste à monter un projet de recherche indépendamment des chercheurs haïtiens – ou pire, en feignant de les impliquer – puis à les utiliser au prix du *per diem*[2] officiel pour les observations ou mesures sur le terrain. La pratique parait gagnant-gagnant, le chercheur étranger déployant son projet de recherche tandis que son collaborateur haïtien augmente ses revenus. Les gains sur le long terme sont pourtant bien inégaux. L'un, depuis longtemps struc-

2. Prix journalier forfaitaire accordé aux missionnaires pour le logement et la nourriture lors des opérations de terrain.

turé, réalise sa mission de progrès de la connaissance tandis que l'autre, chroniquement sous-financé et sous-équipé, n'arrive toujours qu'à se maintenir en survie.

Un collègue américain me demande comment organiser sa logistique en Haïti sans passer par l'organisme national en charge de la géologie, le Bureau des mines et de l'énergie, dont, dit-il, « je ne veux pas m'encombrer ». Un autre débarquera enquêter sur le bâti sans aucun contact avec les organismes nationaux des travaux publics dont c'est pourtant la mission. Ceux-ci ne sont bien sûr pas toujours efficaces, mais ces pratiques les maintiennent dans leurs difficultés chroniques malgré les opportunités que représentent ces interactions avec la communauté scientifique internationale. Deux autres équipes viendront, avec force moyens de recherche publics, acquérir des données dont Haïti ne dispose toujours pas et produiront des thèses de jeunes Français et autres Hollandais sans implication des scientifiques haïtiens autre que le gardiennage de stations sismologiques ou le rôle de guide et négociateur de terrain.

Tout projet qui ne forme pas de chercheur haïtien, quels qu'en soient les résultats scientifiques, est un échec. Pire que cela, c'est un recul pour un pays à qui cette production de connaissance échappe. Ce néocolonialisme scientifique doit cesser. Il ne le pourra, évidemment, que lorsque nous aurons aidé les chercheurs haïtiens à se structurer pour offrir un répondant effectif aux sollicitations internationales, souvent bien intentionnées. Cette structuration passe nécessairement par la mise en place de laboratoires de recherche au travers desquels ils pourront se rétribuer correctement et où ils seront en capacité de profiter pleinement de ces initiatives internationales.

~

Au-delà de la découverte d'un nouveau *far west*, les premières semaines en Haïti me permettent d'informer des questions telles que « Le Miami Herald titre qu'un nouveau séisme est imminent – devrions-nous évacuer sur des navires ancrés au large ? » Ou bien « Faut-il interdire toute nouvelle construction à une distance de moins de 20 km des failles connues ? » La question ultime était bien sûr « Devrions-nous déplacer la capitale vers un lieu sismiquement sûr, et quel est ce lieu ? » On comprend bien que l'information scientifique est instantanément happée par des considérations qui la dépassent et qu'il est donc indispensable – mais difficile – de n'offrir que ce que nous dit la science, malgré, parfois, les déceptions des interlocuteurs et, souvent, la difficulté de communiquer les incertitudes de nos données et modèles. Mais l'explication rassure, ce qui promeut l'action rationnelle.

Ceci dit, expliquer que l'imminence d'un nouveau séisme n'est pas scientifiquement déterminable tout en faisant comprendre qu'un nouveau séisme aura certainement lieu – un jour, peut-être aujourd'hui mais la science ne permet pas de le dire – est un exercice d'équilibrisme. Les navires prévus pour Port-au-Prince ne sont finalement pas venus. Expliquer que c'est l'ensemble du pays qui est concerné par la menace sismique sans pouvoir passer par les cases paléosismologie, géodésie et propagation des ondes est un exercice pédagogique redoutable.

La réalisation d'une carte d'aléa sismique régionale avec des collègues de l'USGS mettra tout le monde d'accord : soudain la menace devint concrète – au-delà des notions techniques telles qu'accélération au rocher ou probabilité de dépassement – car on l'accrochait au territoire. La capitale n'a pas été déplacée et la carte d'aléa sismique sera rapidement incluse dans un nouveau code de construction. Bien sûr aucun outil réglementaire ou législatif ne permet de forcer son application, mais les ingénieurs et architectes disposent maintenant d'une information nouvelle – les plus consciencieux l'utilisent d'ailleurs, code de construction ou pas.

La carte est un outil puissant et, finalement, c'est lui qui va permettre de mettre un pied dans la porte – celle qui s'ouvre sur les *gran moun*, les grands décideurs – et de maintenir la menace sismique dans l'agenda. L'occasion en est donnée lors d'une discussion informelle avec le directeur adjoint d'une agence des Nations Unies qui demande pourquoi les dégâts du séisme furent si hétérogènes dans la ville. La réponse n'est pas simple, mais un élément bien connu est l'effet de site lithologique, c'est-à-dire la capacité de certains sols d'amplifier les ondes sismiques. Je lui montre une carte géotechnique de Port-au-Prince réalisée par un groupe de géologues américains dans les mois qui suivirent le séisme (figure IV.2). Carte extrêmement frustre, à très faible résolution spatiale, probablement un peu fausse car réalisée dans l'urgence, mais carte. Le visage de mon interlocuteur s'éclaire : il voit la ville qu'il connait, il voit des couleurs différentes selon les quartiers et conclut « mais alors, on peut savoir où il vaut mieux construire ? » Oui, de fait.

Cette conversation mènera à un projet de microzonage sismique de Port-au-Prince et des grandes villes de la côte nord exposées à la faille Septentrionale. Projet réalisé par des agences gouvernementales haïtiennes, le BME, le Laboratoire national du bâtiment et des travaux publics (LNBTP) et le Centre national de l'information géospatiale (CNIGS), avec le soutien technique du Bureau de recherches géologiques et minières (BRGM) français. Ses bénéfices dépasseront largement les cartes produites car il permettra un renforcement de technicité, la rétention de jeunes ingénieurs haïtiens et, surtout, une appropriation des produits réalisés par ces agences nationales. Bien sûr le chemin est long entre une carte d'aléa sismique et son utilisation pour définir et plus encore appliquer des règles de construction ou de planification urbaine. Mais il faut s'y engager néanmoins, le parcourir avec patience, en laissant la tête du cortège aux premiers concernés, les Haïtiens.

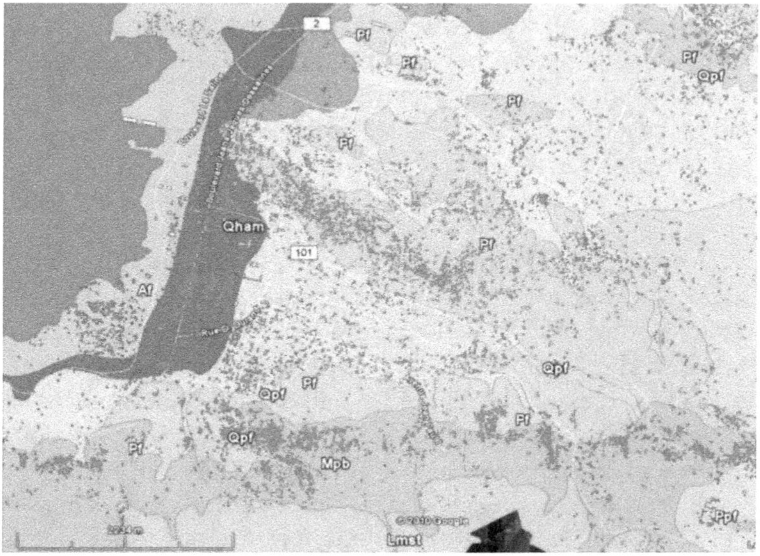

FIGURE IV.2 – Carte géologique de Port-au-Prince sur laquelle sont superposés les dégâts observés lors du séisme. Chaque couleur en arrière-plan correspond à un type (et âge) de roche. On constate des dégâts particulièrement concentrés dans la formation « Qham » représentée en gris foncé sur laquelle le bas de la ville est construit. Il s'agit de sédiments mous d'origine marine, peu consolidés et capables d'amplifier significativement les ondes sismiques. On observe aussi une bande de forts dégâts correspondant à l'axe de collines Fort National – Bourdon, indiquant que la topographie a aussi joué un rôle significatif dans l'amplification du mouvement du sol. Document E. Rathje, novembre 2010. Voir aussi [22].

Relèvement et reconstruction sont les étapes qui suivent la réponse dans la logique des « trois R » des Nations Unies. Ces deux étapes doivent définir et réaliser un pays reconstruit, en mieux. Comme le veut le slogan de la fondation Clinton, très présente en Haïti après le séisme : *Build back better*. Je m'inquiète quand même un peu quand un responsable d'une agence des Nations Unies me demande, en avril 2010, « le séisme a eu lieu, maintenant c'est fini n'est-ce pas ? »

Que répondre à cette question pendant les 10 secondes d'attention que je peux espérer de ce haut fonctionnaire international ? Hors de question d'entamer un cours de tectonique des plaques. La bonne réponse était « Vous savez, ce n'était pas le big one attendu ».

J'observe aussi que dès les premières semaines qui suivent la catastrophe, alors que l'on est encore en pleine période de réponse et à peine de début de relèvement, la reconstruction a déjà commencé – mais pas exactement comme on pourrait le penser. L'exemple du centre ville de Port-au-Prince est frappant. Manifestement il doit être reconstruit, c'est donc l'occasion de le repenser et de le réaménager. Beaucoup se présentent avec plans et projets. Un concours est même organisé et une firme internationale fort célèbre le remporte. Son président en présente le projet devant un parterre de décideurs gouvernementaux et internationaux lors de la conférence *Build Back Better Communities* le 11 janvier 2011. L'idée est simple : il faut aller vite car la population ne peut attendre : « Nous n'avons pas le temps d'enlever les montagnes de débris qui jonchent la ville, nous allons donc les étaler, les compacter et reconstruire sur ceux-ci. Nous profiterons ainsi de leur forte perméabilité pour évacuer plus efficacement les eaux lors des inondations récurrentes du centre ville ». Le géologue croit rêver et le sismologue se remémore le *Marina District* de San Francisco, reconstruit sur les débris du séisme de 1906 puis sévèrement touché par le séisme – pourtant modéré – de Loma Prieta en 1989 du fait du très mauvais comportement sismique des débris compactés. Par ailleurs, à la question des prescriptions parasismiques considérées pour le bâti la réponse est claire, je la livre textuellement : « Le coût des logements que nous avons prévus sera de 80 dollars au pied carré. Si nous voulons construire parasismique, cela coûtera 160 dollars au pied carré. Il ne sera pas possible de doubler notre budget. » Le projet ne verra finalement jamais le jour – un soulagement – mais pour des raisons politiques.

Le décor est donc planté, les forçages se matérialisent. Il devient clair que l'apport scientifique sera immanquablement et instantanément dilué dans des considérations d'ordre supérieur. Et le séisme disparait, sa récurrence pourtant évidente tombe dans l'oubli. Il ne rentre dans aucun schéma d'aide au développement – trop incertain, trop peu fréquent et trop peu rentable qu'il est. Le géo-sismologue est outré mais minusculement minoritaire, engouffré par hasard dans une problématique de refondation nationale dont le séisme est au mieux un alibi. Il peine un peu. Comment, dans ce chaos organisé, faire valoir l'importance de la résistance aux séismes futurs ? Après tout, les centaines de millions de dollars investis en Haïti ne devraient-ils pas inclure des prescriptions parasismiques tous secteurs confondus ?

Chapitre V

Eclaircies

Les éclaircies viennent parfois quand on ne s'y attend pas. Un jour de 2010, le ministre de l'Intérieur, aux ordres duquel je me trouvais et auprès de qui nous plaidions depuis 2008 la prise en compte des séismes dans le portfolio déjà bien chargé des menaces naturelles en Haïti, me convoque dans son bureau pour me dire : « Vous m'avez expliqué que la faille Septentrionale accumulait des forces qui seront libérées dans un séisme à venir, comme cela s'est passé dans le sud du pays. J'ai pensé qu'il faudrait un plan de prévention pour le nord du pays avant que ce séisme n'ait lieu, quel est votre avis ? » L'universitaire qu'il est a évidemment tout compris et, de plus, a identifié un mécanisme de financement. Après ma brève réponse, évidemment positive, il me demande de rédiger une proposition technique en coordination avec les départements concernés, à soumettre au FRH, le Fond de Reconstruction d'Haïti [1]. Quelques semaines plus tard, un projet de 10 millions de dollars est financé qui vise à mettre le nord du pays sur la voie de la sécurité sismique. Mis sous gestion onusienne, le projet aura du mal à fournir ses livrables. Mais quelle victoire d'avoir plus que convaincu un ministre – de l'avoir éduqué aux géosciences.

Pourtant le lancement du « plan séisme nord » demanda de la patience. Les élections présidentielles de 2010 traînèrent

1. Financements d'aide à la reconstruction fournis par la communauté internationale et mis en gestion commune sous contrôle de la Commission Internationale pour la Reconstruction d'Haïti (CIRH).

en longueur, le gouvernement fut pendant plusieurs mois en situation d'uniquement gérer les affaires courantes sans qu'aucune décision nouvelle ne puisse être prise. Un nouveau président négocié par les États-Unis arrive finalement au pouvoir et un nouveau ministre de l'Intérieur est nommé qui s'intéresse très peu à la gestion des risques naturels. Nous essayons pendant plusieurs mois de l'impliquer dans le lancement du projet, rien n'y fait. Pendant ce temps, le nouveau président, Michel Martelly, lance un programme de décentralisation communautaire qui vise à « rapprocher la prise de décision des citoyens tout en favorisant la bonne gouvernance et en stimulant le développement économique, la création d'emploi et la prestation de services publics ». Ce programme, intitulé *Katye Pam Pozé* en créole (« mon quartier est calme »), est exécuté par le ministère de l'intérieur et des collectivités territoriales. Nous comprenons alors l'opportunité et revenons à la charge en expliquant que le ministre a sous la main, avec le « plan séisme nord », un projet concret, financé, sur un thème que tout le monde peut comprendre et qui peut donner du corps à sa politique en particulier en province où le contenu est maigre. Un mois plus tard le projet est inauguré et lancé en grande pompe au Cap Haïtien en présence du ministre et de l'administratrice du PNUD (figure V.1).

En 2011, poussé par la communauté internationale, le président Martelly décide qu'il est temps d'en finir avec les camps de réfugiés sismiques à Port-au-Prince. Ceux-ci sont devenus pour partie des lieux de trafic, on ne peut y laisser les gens plus longtemps et il est temps de mettre l'accent sur la reconstruction des quartiers dont sont issus ces réfugiés. Il met en place le projet « 16/6 », d'un coût de 96 millions de dollars US, qui doit permettre aux réfugiés de 6 camps de réintégrer leurs 16 quartiers d'origine. Le responsable du projet pour les Nations Unies, un jeune économiste fraichement arrivé en Haïti, me dit : « Je suis allé dans les quar-

FIGURE V.1 – Explication du plan séisme nord en mars 2012 lors d'une visite du ministre de l'Intérieur haïtien et de l'administratrice du PNUD, avec une carte d'aléa sismique au premier plan et la ville du Cap Haïtien en arrière plan. Source : Programme des Nations Unies pour le Développement.

tiers en question, j'ai l'impression qu'il y a des problèmes. Les pentes sont raides, les gens se sont installés au fond des ravines, ça s'éboule de partout. Peux-tu me donner tes cartes de risques pour réhabiliter ces quartiers en tenant compte de tout cela ? »

L'intention est excellente, bien que les cartes en question n'existent évidemment pas. J'explique que l'on peut les établir au prix d'un travail, donc d'un coût, mais avec le bénéfice d'une opportunité de développer une technicité locale nouvelle sur la cartographie des aléas, de la vulnérabilité et du risque. J'apprends alors que ce projet de 96 millions de dollars n'a budgétisé qu'une centaine de milliers de dollars pour ces questions et que le timing est bien trop serré pour y ajouter du développement de capacité. Ce collègue onusien et son alter ego haïtien, qui héritaient d'un projet conçu avant eux, comprirent cependant rapidement l'importance d'une cartographie des risques qui doit inclure, au-delà de la quantification de la menace, la définition de mesures de protection et l'implication des habitants des quartiers afin que ces solutions soient optimisées et les décisions comprises.

La porte venait donc de s'entrouvrir. Nous nous y sommes engouffrés en proposant une méthodologie simple qui combine une évaluation technique des menaces à une analyse des enjeux impliquant les occupants du territoire. Le tout pour livrer un zonage – une carte ! – qui croise menaces et enjeux et propose des options de protection dont les coûts sont définis. On comprend bien sûr l'approche type « plan de prévention des risques » à la française, dont on sait bien qu'elle n'a rien de magique et encore moins de transposable dans d'autres pays. Pourtant l'avancée est fondamentale parce qu'enfin on parle de solutions et moins de problèmes. Oui il faut calculer l'aléa – hydrologique, glissement de terrain, sismique – mais il faut tout autant proposer des solutions qui tiennent compte des ambitions de développement des habitants et de leurs gouvernants. Ce concept simple gagne petit à petit du terrain en Haïti et des agences nationales commencent à se l'approprier, c'est une satisfaction.

Mais ce n'est aussi qu'un début. Ce programme de retour vers les quartiers prévoit par exemple, a priori avec raison, de motiver les habitants à réintégrer leurs logements en contribuant à leur loyer un montant fonction de leur exposition aux menaces environnementales. L'objectif, logique, était de favoriser le retour vers les zones les moins dangereuses pour éviter de développer une vulnérabilité chronique. Cette belle idée doit rapidement être abandonnée quand les habitants des fonds de ravines se révoltent, argumentant qu'il est injuste qu'eux, qui vivent déjà dans les conditions les plus difficiles, aient en plus l'aide la plus faible – voire aucune – pour se réinstaller. La mesure sera rapidement abandonnée pour donner à tous une aide équivalente. La leçon, évidente, est que la logique scientifique seule ne peut répondre au besoin bien humain d'« habiter », et que le scientifique ou le technologue – « les inventeurs » de René Char (voir plus bas) – ne dispose pas du territoire.

Par ailleurs, beaucoup reste à faire pour développer, et retenir, une conscience et un savoir au niveau local et municipal – dans les territoires – voulant et sachant utiliser les produits abstraits et de haute technicité de l'analyse des risques naturels. Comment sinon définir et mettre en œuvre une planification dans la durée ? Comment sinon piloter des initiatives locales dont la valeur ajoutée, sur le long terme, n'a pas de raison d'être inférieure à des projets internationaux coûteux, hâtivement réalisés par des entreprises internationales sous gestion des Nations Unies ? Le constat est évident pour les risques naturels, mais se décline tous secteurs confondus à des degrés divers. Et il a depuis longtemps été fait par les organisations internationales qui travaillent en Haïti.

Développement de capacité, approche communautaire, formation territoriale, planification participative, ces objectifs et ces moyens, au cœur du discours de l'aide au développement, paraissent logiques. Mais alors, pourquoi, en 20 ans d'aide à outrance cette fameuse « capacité » n'est-elle toujours pas au rendez-vous ? J'expliquerai plus bas qu'elle est omniprésente et n'a pas besoin d'aide pour exister. Pour comprendre les rouages de ce processus, prenons un exemple concret. Je le simplifie ci-dessous en dix étapes pour exposer sa nature générique :

1. Un bailleur bilatéral décide de financer des projets d'aide au développement local en région pour des raisons stratégiques et politiques qui lui sont propres.
2. Un opérateur international – qui ne devrait être qu'un facilitateur ou accompagnateur mais qui a lui-même

besoin de fonds – l'apprend et propose un projet de cartographie multi-risque et de formation des agents techniques du département et de ses mairies.

3. Le bailleur approuve, heureux qu'un nouveau type de projet émerge au sein de son porfolio. Jusqu'ici tout va bien.
4. L'opérateur reçoit le financement du bailleur, sur lequel il paie les salaires de ses expatriés et prélève 7% de frais de fonctionnement. L'expérience indique que cela représente généralement près du tiers du budget total alloué à ce type de projet.
5. L'opérateur émet un appel d'offres pour la réalisation desdites cartes sur le financement restant. Le contrat est gagné par une entreprise étrangère très compétente, mais qui a besoin d'un contact en Haïti.
6. Une entreprise locale se dévoue pour céder son temps et son énergie à vil prix et cautionne donc, en toute connaissance de cause, un processus qu'elle rejette pourtant sur le principe. Ses ingénieurs diplômés de la meilleure école du pays serviront de guides, chauffeurs et traducteurs.
7. La carte multirisque est réalisée sans qu'aucune technicité nouvelle n'ait été acquise en Haïti. Avec un peu de chance l'organisme national en charge de la base de données géospatiales territoriale récupèrera le produit final.
8. Il y aura deux séminaires de formation des cadres en région au cours desquels ils écouteront avec patience un galimatias globalement incompréhensible et marginalement utile. Le buffet sera bien fourni.
9. Bailleur et opérateur se féliciteront du résultat positif : « Nouvelle carte multirisque et développement de capacité locale » pourront titrer les communiqués de presse.

10. Et puis chacun retournera chez lui, qui à sa mairie, qui à son service départemental, qui à son entreprise de Port-au-Prince. Sans moyens supplémentaires, livré à soi, donc au néant. Sans qu'on ne leur demande la construction qui leur permettrait d'avancer et qu'ils intuitent pourtant.

La pratique veut que l'on reprenne ensuite au point 1 ci-dessus, éventuellement – mais pas nécessairement – en changeant de département ou de thématique. Le succès à la repasse est garanti, cela fait 20 ans que ça dure. Au-delà de ce constat qui semblera sans doute d'un cynisme exagéré aux non-initiés, il faut oser les questions difficiles : comment faire autrement, et a-t-on le courage de faire autrement ?

~

Le 12 janvier 2010, la seule station sismologique d'Haïti est installée au lycée français Alexandre Dumas de Port-au-Prince à des fins pédagogiques dans le cadre du programme « Sismo des écoles » [8]. L'instrument enregistre le séisme mais n'est pas adapté à la mesure des mouvements forts – l'enregistrement sature et est quasiment inexploitable. Le réflexe de la communauté géoscientifique est qu'Haïti doit rapidement s'équiper d'un réseau sismologique national. Une fausse évidence pour plusieurs raisons, la première étant qu'il n'y a en Haïti aucun sismologue qui soit capable de le mettre en place ou d'en utiliser les données. C'est malgré tout l'un des premiers messages que je tente de faire passer auprès de mes interlocuteurs des Nations Unies notamment. Mes collègues, plutôt intéressés, demandent « il faut un minimum de combien de stations pour prédire les séismes ? » Ma réponse, naïve à l'époque, qu'un réseau sismologique sert à localiser des événements qui ont déjà eu lieu les déçoit terriblement et sonne instantanément le glas d'un soutien sur ce thème.

Fort heureusement, d'autres pistes apparaissent. D'abord du Canada, qui envoie, quelques semaines après le séisme, une équipe de sismologues avec trois instruments large bande à installer en une semaine. Ils arrivent sans contact avec une quelconque agence gouvernementale haïtienne. Donc sans demande du Gouvernement d'Haïti. Mais bon, c'est un peu l'urgence. Je leur explique qu'ils doivent se mettre en relation avec le Bureau des mines et de l'énergie, qui a la mission de la surveillance géologique du territoire haïtien et a déjà commencé à s'investir dans la sismologie. Peu leur importe, ils ont seulement quelques jours pour installer leur équipement, leur priorité est d'aller sur le terrain dès que possible. Nous réalisions alors des mesures géodésiques dans la région de Port-au-Prince accompagnés de deux équipes haïtiennes du Bureau des mines et de l'Observatoire national pour l'environnement et la vulnérabilité (ONEV) du ministère de l'environnement. Nous cédons aux collègues canadiens nos collaborateurs de l'ONEV qui les accompagneront sur le terrain pendant quelques jours. Les stations seront installées, elles sont d'ailleurs toujours opérationnelles.

Quelques semaines plus tard le ministre de l'Environnement demande à me voir. Il m'explique se sentir un devoir de mettre en place un réseau sismologique et que, justement, il leur reste 500 mille dollars US à dépenser rapidement sur un projet de reboisement du Massif de la Selle financé par l'USAID. Je ne vois pas très bien le rapport, mais il m'explique travailler maintenant avec le Bureau sismologique canadien qui, dit-il, « nous a aidé à installer trois sismomètres après le séisme ». Je ne relève pas. Il me demande donc, en toute simplicité, combien coûte un sismomètre et combien il en faudrait pour compléter les trois stations canadiennes. Un peu déconcerté par l'approche, je comprendrai plus tard qu'il avait décidé unilatéralement de s'approprier les missions de quelques-uns de ses voisins : météorologie et hydrologie qui étaient à l'agriculture et sismologie aux travaux public. La sismologie allait à l'évidence devenir un marché qui permettrait de déclencher des projets nouveaux, de faire rentrer de l'argent dans les caisses.

Dans le même temps, le Directeur Général du Bureau des mines et de l'énergie me demande de l'assister pour une réunion avec un consultant de la Banque mondiale qui vient leur faire une proposition de financement de réseau sismologique. Allons bon, l'observation sismologique ferait finalement recette ? Le consultant explique que la Banque est prête à investir un million de dollars US dans un réseau sismologique qui serait déployé et mis en œuvre par le BME. Les yeux des participants s'arrondissent en écho au nombre de zéros. « Mais », poursuit le consultant, « il nous faut l'assurance que vous avez le personnel et les capacités pour cette opération ». Le BME n'a évidemment ni l'un ni l'autre. Le Directeur Général répond sans l'ombre d'une hésitation « mais oui bien sûr, nous avons le personnel nécessaire, mon adjoint va monter le dossier et vous le transmettre ». Quel est ce jeu ridicule qui se joue sous mes yeux ? Comment peut-on – un consultant qui plus est – marchander un réseau sismologique avec la condition d'une capacité technique et scientifique existante ? C'est justement cette capacité qu'il faut développer !

Deux agences gouvernementales en compétition dont une en flagrant délit de *mission creep*, des bailleurs non coordonnés, des fonds disponibles donc à dépenser, mais pas de réflexion sur la mise en capacité des Haïtiens. Installer un réseau sismologique demande une technicité qui reste à développer en Haïti. Des entreprises étrangères en font leur métier, elles peuvent livrer un outil clé en main pour quelques centaines de milliers de dollars. Mais pour donner la clé à qui ? Qui est le sismologue en charge ? Qui sont les ingénieurs et techniciens qui vont en assurer la maintenance, lire les sismogrammes, faire le pointé des temps d'arrivée des ondes sismiques, calculer des localisations et des magnitudes ? Déployer des stations qui alimentent des bases de données internationales sans créer de capacité technique et scientifique en sismologie en Haïti m'a tout l'air d'un cadeau empoisonné. Des scientifiques et techniciens formés sont évidemment un élément aussi important à un observatoire sismologique que des sismomètres. C'est surtout le seul qui puisse assurer la qualité et la pérennité des observations. Il est urgent de ralentir le processus.

L'unité de gestion des risques et désastres du PNUD acceptera finalement de soutenir un programme de renforcement de capacité sur la surveillance sismologique en Haïti. Dans le même temps, l'ingénieur Claude Prépetit, qui plaide depuis plus de vingt ans pour un réseau sismologique en Haïti, obtient la création d'une nouvelle structure au sein du BME, l'Unité Technique de Sismologie (UTS). Un accord est signé entre l'UTS et le ministère de l'environnement pour que ce dernier soit impliqué dans la mise en œuvre du réseau – la paix des braves est atteinte. Un local est rénové pour accueillir le système informatique complexe mais crucial pour le suivi du réseau et l'exploitation des données, des ingénieurs sont embauchés, formés avec le soutien des observatoires sismologiques de Guadeloupe et de Martinique. Les trois stations sismologiques installées par les canadiens, ainsi que des accéléromètres installés par l'USGS, forment l'embryon du réseau sismologique. En 2014, l'UTS obtient un financement de fonctionnement du gouvernement haïtien et installe quatre nouvelles stations sismologiques avec le soutien technique de l'observatoire de Martinique. L'UTS est donc autonome et a réussi à engager le soutien financier du gouvernement haïtien. Une victoire bien méritée pour Claude Prépetit. Même si beaucoup reste à faire au plan technique, la structure s'est construite de l'intérieur comme un service – au contraire d'un projet – au sein d'une agence gouvernementale missionnée sur le sujet.

Depuis, l'UTS maintient un réseau de 7 sismomètres de type « large bande », localise les séismes sur le territoire national, publie un bulletin trimestriel et informe sur les événements ressentis par la population. Un des bulletins les plus récents décrit la crise sismique d'Anse-à-Veaux, où huit séismes ont été ressentis et localisés par l'UTS entre le 2 octobre et le 26 décembre 2015. Il sont localisés en mer, possiblement le long de failles inverses bordant la Presqu'île du Sud, et non sur la faille d'Enriquillo. Cette information importante sur les sources potentielles de forts séismes futurs est accessible grâce au réseau sismologique de l'UTS, patiemment construit – ce n'est que le début – avec l'objectif d'en faire un outil compris, approprié et opéré en capacité par des scientifiques et techniciens haïtiens.

Chapitre VI

Expliquer

Deux années bien remplies, mais qui au final se heurtent à l'évidence, résumée en une phrase par un ami haïtien : « deux erreurs haïtiennes valent plus qu'une vérité internationale ». Tout est dit. Ma responsabilité de scientifique, formateur qui plus est, est moins de contribuer à maintenir ce pays sous perfusion que de l'aider à inverser une tendance terrible : 84% des Haïtiens qui commencent des études post-bac quittent le pays et n'y reviennent jamais. Le deuxième pays de cette liste, établie par la Banque Mondiale en 2012, est le Ghana avec 49%, suivi de près d'une série malheureusement classique de pays en difficulté de développement. Suite au séisme, des jeunes Haïtiens ont été formés à la sismologie, la géodésie, la géotechnique, la dynamique des structures au niveau master et doctorat, en France, aux États-Unis, au Canada et en Belgique. Notre responsabilité va au-delà de cette formation initiale : il faut les aider à revenir, à s'insérer, à rester des scientifiques, à devenir les avocats de la réduction du risque sismique dans leur pays.

J'observe que l'échec – ou en tout cas la lenteur – de la reconstruction post-séisme n'est pas un problème d'argent ni de capacité technique en Haïti mais de déséquilibre chronique entre d'une part les montants, le rythme et la structuration de l'aide internationale et d'autre part la capacité d'absorption du pays. Lors d'une réunion en juin 2010 avec le responsable de la Croix Rouge internationale en Haïti, celui-ci nous avouait refuser tout nouveau don important car il ne pouvait pas se permettre d'ajouter aux 50 millions de dollars US présents dans ses caisses et qu'il n'arrivait pas à dépenser. Cinq ans après, on lira dans la presse combien le bilan de l'action de la Croix Rouge a été faible malgré l'importance des fonds disponibles. Ralentir l'aide internationale, en diminuer les montants, « dégraisser le mammouth » pour reprendre l'expression du ministre géoscientifique Claude Allègre, ne seraient-ils pas la recette du succès ? Au contraire, le séisme a accéléré l'aide, a augmenté les montants et les attentes, enfoncé encore plus la présence internationale dans le pays.

Je suis aussi témoin des méthodes de l'aide au développement. Le projet « plan séisme nord », dont j'étais si fier, passe sous gestion internationale. J'observe, lors d'un déjeuner de travail avec le ministre de l'Intérieur initiateur du projet, et sans alors en comprendre les conséquences, la négociation dans la douceur opérée par un des responsables du PNUD : « Monsieur le ministre, nous sommes très fiers de ce projet de prévention des risques, une première en Haïti – mais vous comprenez qu'il s'agit d'une activité très technique. Le PNUD en prendra la gestion pour faciliter sa réalisation. » « Oui, le PNUD en prendra la gestion, » répond le ministre. Tour de passe–passe digne du meilleur Jedi [1], et le repas reprend. Les premières utilisations des fonds alloués par le FRH seront pour le salaire de fonctionnaires internationaux. Puis dans la mise en place d'une structure de gestion de projet complexe et redondante de celle du consultant technique principal, mais qui permettra trois ans de salaire à un autre fonctionnaire international. « Pas question de nommer un Haïtien à ce poste », me dit-on, « personne n'aurait confiance. »

Au final, ce manque de confiance sera fatal. Le projet ne décollera jamais, faute d'abord de son intégration dans les

1. Chevalier de la saga *Star Wars* qui tire ses pouvoirs surnaturels de « la Force. »

structures nationales pertinentes. Le PNUD, obnubilé par le micromanagement du projet, finira par casser le contrat qui le liait à l'une des ONG internationales les plus compétentes et les mieux connectées au monde académique dans le domaine de la réduction du risque sismique en contexte de développement. Faute aussi d'une incompréhension de la dimension technique – scientifique, faudrait-il dire – du projet au sein d'une agence dont la compétence est d'abord le renforcement des capacités institutionnelles. Les aspects scientifiques, considérés comme secondaires – ou déjà résolus – ne méritent alors pas d'être traités autrement que par quelques courtes missions d'experts dont les rapports nourrissent les armoires. Qu'importe, le PNUD gère les fonds de ce projet.

L'agence finira par saucissonner un projet conçu selon une approche intégré en une suite de livrables de faible ambition qui seront confiés à des entreprises internationales déconnectées de la réalité institutionnelle et des attentes de la société civile du pays. Pendant ce temps, la structure de gestion de projet mise en place, les locaux loués pour l'héberger, les véhicules achetés pour déplacer ces gestionnaires dépensent peu à peu les fonds alloués par le FRH. J'ai évalué certains de ces livrables finaux – parfois de très bonne qualité technique – et ai pu observer le décalage entre l'ambition initiale du projet et les réalisations finales, mais plus encore le désintérêt poli des partenaires haïtiens lors des séances de restitution. Pourquoi en serait-il autrement ? Jamais ils n'ont été associés à un projet qui a surtout permis de financer l'aide internationale et dont rien n'a pas permis de structurer les institutions haïtiennes. Le compa *Bandi legal* de Sweet Mickey, ex-président de la République Michel Martelly critiqué pour ses pratiques de gestion peu claires, me vient en tête. Mais qui est le bandit légal ?

Le géoscientifique en a pris pour son grade mais a appris quelques leçons utiles. La science n'est évidemment pas le levier qui guide la réduction des risques naturels. Elle est tout au plus un sous-produit des besoins et d'une demande de réduction des risques. Il est évidemment frustrant quand on connait le problème – l'aléa sismique – et la solution – la construction parasismique par exemple – d'accepter de ne pouvoir contrôler la définition et encore moins la mise en place de solutions de mitigation. L'objectif doit être plus réaliste – même s'il est moins glorieux. Il s'agit, à petits pas mais sans fléchir, d'influencer un agenda qui, sans notre présence, ignorerait complètement cette menace. Tout en acceptant 95% d'échec pour 5% d'influence, dans les meilleurs jours.

Je comprends aussi que le rôle de lanceur d'alerte que j'avais tenté de me donner avant le séisme se heurtait à des verrous bien éloignés de la sismologie : 1) la conscience qu'une menace à faible probabilité et de récurrence longue et variable nous concerne aujourd'hui, 2) l'existence d'une demande de protection et l'appropriation locale des solutions de mitigation, 3) la responsabilisation des acteurs, extrêmement diluée dans le contexte du développement en Haïti. Toute la science du monde n'y fera rien, les populations occupent et utilisent leur territoire. Démontrer après force calculs une hauteur d'eau de 2 mètres lors de la crue centennale n'est pas utile aux habitants de fond de ravine qui sont inondés deux fois par an. Il s'agit donc autant de comprendre les raisonnements de ces communautés et de leurs gouvernants au sein de leurs références sociales, économiques et culturelles que de dimensionner des solutions de génie civil pour les protéger.

On est peut-être là sur le terrain de la « dissonance cognitive » de la psychologie, où l'écart entre ce que l'on apprend – par exemple que la menace sismique est inexorable – et ce à quoi l'on croit – par exemple la sécurité de son territoire et de sa maison – s'accroit en dépit des preuves rationnelles qui contredisent la croyance [11]. Si tel est le cas, les savoirs neutres de la science ne peuvent alors pas motiver à eux seuls les décisions individuelles et collectives faces aux menaces naturelles. Je ne mettrais pas ma main à couper que des sociétés très éduquées soient plus à l'abri de ce défaut intrinsèquement humain que celles qui, comme en Haïti, sont en défaut d'éducation.

Car il y a d'abord les gens, ceux qui piétinent et respirent leurs monts et vallées depuis des siècles, qui ont vu naitre et mourir leurs voisins, et à qui nous assénons nos « vérités scientifiques »– donc plus vraies que vrai ? Le poème de René Char « Les Inventeurs » en est peut-être une allégorie :

« Ils sont venus, les forestiers de l'autre versant, les inconnus de nous, les rebelles à nos usages. [...]

Nous sommes venus, dirent-ils, vous prévenir de l'arrivée prochaine de l'ouragan,

de votre implacable adversaire.

Pas plus que vous, nous ne le connaissons

Autrement que par des relations et des confidences d'ancêtres. [...]

Nous avons dit merci et les avons congédiés.

Hommes d'arbres et de cognée, capables de tenir tête à quelque terreur

mais inaptes à conduire l'eau, à aligner des bâtisses, à les enduire de couleurs plaisantes,

Ils ignoraient le jardin d'hiver et l'économie de la joie. [...]

Oui, l'ouragan allait bientôt venir ;

Mais cela valait-il la peine que l'on en parlât et qu'on dérangeât l'avenir ?

Là où nous sommes, il n'y a pas de crainte urgente. »

Malgré la menace réelle et imminente, les « inventeurs » qui dérangent poliment ne peuvent être entendus sur le mode seul du constat scientifique face à l'essentiel : la beauté, les autres, la nécessité de vivre maintenant.

Je comprends aussi que l'évidence géologique d'un environnement « naturel » changeant – lentement comme sa température au cours des derniers siècles, ou brutalement lorsqu'un séisme modifie un paysage – et les temporalités emboîtées associées, intuitives pour le géoscientifique, sont loin d'être partagées. Comme l'écrit Yanick Lahens, « Et puis, somme toute, la terre nous paraissait encore tout à fait ferme sous nos pieds. Alors pourquoi s'inquiéter ? Parce que ce métabolisme lointain et silencieux est d'une lenteur telle qu'il peut servir d'alibi à l'oubli, de prétexte à la passivité, d'excuse à l'ignorance ».

Effectivement, montagnes et rivières ont peu changé au cours des six derniers milliers d'années de stabilité climatique qui ont vu l'explosion de l'homme moderne, sa colonisation de la planète et le développement de civilisations de plus en plus organisées. Bercé par une géo-stabilité qui favorise prospérité et progrès, l'homme devient capable de s'isoler des aléas de la nature. Ses nouvelles activités et son omniprésence planétaire en font même une force géologique à part entière, capable de modifier le climat global ou de déclencher des séismes. L'homme devient finalement « équipotent du monde » [25], plongeant la planète dans une nouvelle ère géologique, celle de l'anthropocène [9]. Science et technologie, main dans la main, règnent sur le développement, dont scientifiques et ingénieurs sont des acteurs essentiels. Une apparente sécurité s'installe – non seulement la science apporte le progrès, mais elle permet de comprendre l'environnement et de le « gérer ». Elle nous libère donc de la nature à double titre.

Dans le même temps l'homme s'enferme dans des structures nouvelles : villes, industries et sociétés. Construites autour d'infrastructures de plus en plus ingéniérisées, elles semblent prêtes à tout. Mais leurs réseaux d'échange d'information, de ressources et de biens sont complexes et vulnérables – le progrès génère sa propre sa fragilité.

La catastrophe de Fukushima, provoquée par le tsunami du séisme de Tohoku le 11 mars 2011, est due à une erreur technique dérisoire par rapport aux enjeux : le générateur de secours d'un des réacteurs n'avait pas été placé à une hauteur suffisante par rapport au niveau d'inondation maximal. Mais elle se double d'un problème plus profond pour une des civilisations les plus évoluées : sommes-nous prêts à remettre en cause nos choix technologiques, nos vecteurs de progrès ? Le tsunami de Jögan en 869 AD [27], équivalent à celui de 2011 et géologiquement documenté, est ignoré. Le blocage mécanique de la subduction, plusieurs fois publié [17, 15], n'est pas intégré dans l'aléa sismique. Sommes-nous capables d'admettre que nous nous sommes trompés ? Comment se construit cet excès de confiance ?

Les sociétés très technologiques – comme le Japon – s'adaptent aussi rapidement à un paradigme scientifique qu'elles en deviennent esclaves. Paradigme autour duquel les scientifiques, qui en connaissent pourtant les limites, peinent à expliquer les variations permises par leurs observations et calculs et à produire des incertitudes facilement intégrables dans des décisions politiques ou individuelles [26]. Le paradigme au Japon disait que la subduction fonctionnait pour l'essentiel de manière asismique et n'était pas capable de générer de séismes de magnitude supérieure à 8. En Haïti le paradigme était, plus simplement, que des séismes importants n'étaient pas possibles. La quiescence sismique aidant, le paradigme – quel qu'il soit – s'ancre et avec lui la justification d'un développement urbain et industriel que, dans les pays développés, l'on sait protéger du niveau de menace attendu.

Double peine donc pour Haïti où, d'une part, le paradigme était au plus loin possible de la réalité et, d'autre part, la volonté et la capacité de protection étaient très faibles. Tout argument contraire au paradigme, aussi pertinent soit-il, doit passer une barre placée de plus en plus haut par les développeurs et affronter l'incrédulité de plus en plus forte des populations. Comment ignorer des faits aussi limpides que le tsunami de 869 AD au Japon ou la triple destruction de Port-au-Prince au XVIIIème siècle ? Malgré cela un « mythe de la sécurité » – nucléaire au Japon [13] – s'installe et se renforce à mesure que le développement se déploie. L'inertie du paradigme [14] se nourrit du bien-être que l'on pense qu'il procure. Le changement de paradigme ne dépend donc peut-être pas uniquement de la qualité ou de la cohérence scientifique de son remplaçant, mais aussi de la capacité et de la volonté des gouvernants et des populations à en embrasser les conséquences.

Nos sociétés utilisent le fait scientifique – par essence complexe et incertain surtout lorsqu'il s'agit des sciences de la nature – en fonction de leurs ambitions de développement. Une science sûre d'elle même, certaine d'apporter les solutions, croit orienter les sociétés à coup de faits indiscutables et d'avancées technologiques rapidement indispensables. Une rétroaction positive se met en place ; l'homme devient omniprésent et génère une complexité urbaine et industrielle toujours croissantes. Cette rétroaction installe aussi la certitude de vivre hors de la nature et protégés de ses menaces, qui se gèrent donc indépendamment de nos habitudes de consommateurs de ressources et d'espaces.

Le risque sismique devient avant tout un défi scientifique et de génie civil qu'il faut résoudre en ajoutant du progrès au progrès. Pas étonnant qu'il reste un problème aussi difficile pour les pays en développement. Plus de béton comme au Chili, plus de ferraillage, plus de mesures, plus de calculs sophistiqués feront l'affaire. Pourtant Taïwan, pays capable de concevoir et construire une des plus hautes tours du monde dotée d'un système de balancier anti–sismique des plus sophistiqués, se trouve en difficulté quand un séisme d'une modeste magnitude 6.4 le 6 février 2016 fait 117 victimes et expose des murs de bâtiments publics où le béton armé a été remplacé par des bidons métalliques vides. Homme et nature sont-ils vraiment deux questions qui se traitent et se comprennent indépendamment ?

Pour autant, des décisions raisonnées ne peuvent faire l'économie de la connaissance des systèmes naturels, donc du géoscientifique formé à appréhender leur complexité. Pourtant les praticiens de la gestion des risques et désastres qui travaillent avec acharnement en Haïti et dans les pays similaires n'ont pas le réflexe de nous consulter, scientifiques. En fait, au-delà d'expertises ponctuelles parfois ronéotypées, les espaces de contact entre « eux » et « nous » n'existent quasiment pas[2]. Les géoscientifiques doivent donc sortir de leur espace de confort pour être présents à cette interface, démêler cette complexité, la déplier face au monde – bref, pour expliquer.

Remerciements

Gwenaëlle et Yohann m'ont aidé à raconter cette histoire. Annie et Jennifer ont souffert de mon engagement. Mama Legba, Erzulie dans ses bons jours, a ouvert les portes. Mes amis haïtiens ont respecté mes faiblesses.

2. L'initiative *Global Earthquake Model* (GEM, `http://www.globalquakemodel.org`) commence à combler cette niche en sismologie

Bibliographie

[1] Seismic hazard maps : Haiti and the dominican republic. http ://www.oas.org/CDMP/document/seismap/, 2002. Caribbean Disaster Mitigation Project, Implemented by the Organization of American States for the USAID Office of Foreign Disaster Assistance and the Caribbean Regional Program.

[2] Post-disaster needs assesment. http ://documents.worldbank.org/, 2010. United Nations.

[3] G. Bidegain. Inégalité et séisme : Les impacts démographiques du tremblement de terre en haïti. http ://www.academia.edu/5910608, 2013.

[4] E. Calais, A. Freed, G. Mattioli, F. Amelung, S. Jonsson, P. Jansma, S.-H. Hong, T. Dixon, C. Prépetit, and R. Momplaisir. Transpressional rupture of an unmapped fault during the 2010 Haiti earthquake. *Nature Geoscience*, 3(11) :1–6, 2010.

[5] E. Calais, Y. Mazabraud, B. Mercier de Lepinay, P. Mann, G. S. Mattioli, and P. Jansma. Strain partitioning and fault slip rates in the northeastern Caribbean from GPS measurements. *Geophysical Research Letters*, 29(18) :1856, 2002.

[6] G. Chérubin. Enjeux d'une politique nationale de l'habitat et du logement dans le cadre de la reconstruction. *Revue de l'Observatoire de la Reconstruction*, 8, 2013.

[7] A. Corbet. Dynamiques d'encampement : comparaison entre un camp formel et un camp informel en Haïti. *Cultures & Conflits*, 93 :1–22, 2014.

[8] F. Courboulex, J. L. Berenguer, A. Tocheport, M. P. Bouin, E. Calais, Y. Esnault, C. Larroque, G. Nolet, and J. Virieux. Sismos a l'Ecole : A Worldwide Network of Real-Time Seismometers in Schools. *Seismological Research Letters*, 83(5) :870–873, 2012.

[9] P. Crutzen and E. Stoermer. The anthropocene. *International Geosphere-Biosphere Program Newsletter*, 41, 2000.

[10] M. Dilley. *Natural Disaster Hotspots : A Global Risk Analysis.* The World Bank, Washington, D.C., 2005.

[11] L. Festinger. Cognitive dissonance. *Scientific American*, 207(4) :93–107, 1962.

[12] A. Frankel, S. Harmsen, C. Mueller, E. Calais, and J. Haase. Seismic Hazard Maps for Haiti. *Earthquake Spectra*, 27(S1) :S23–S41, 2011.

[13] R. J. Geller, W. Epstein, and J. Noggerath. Fukushima–Two Years Later. *Seismological Research Letters*, 84(1) :1–3, 2013.

[14] T. S. Kuhn. The structure of scientific revolutions. 2(2) :1–174, 1962.

[15] J. P. Loveless and B. J. Meade. Geodetic imaging of plate motions, slip rates, and partitioning of deformation in Japan. *Journal of Geophysical Research : Solid Earth*, 115(B2) :B02410–35, 2010.

[16] D. M. Manaker, E. Calais, A. M. Freed, S. T. Ali, P. Przybylski, G. Mattioli, P. Jansma, C. Prépetit, and J. B. de Chabalier. Interseismic Plate coupling and strain

partitioning in the Northeastern Caribbean. *Geophysical Journal International*, 174(3) :889–903, 2008.

[17] S. Mazzotti, X. Le Pichon, and P. Henry. Full interseismic locking of the nankai and japan-west kurile subduction zones : An analysis of uniform elastic strain accumulation in japan constrained by permanent gps. *Journal of Geophysical Research Solid Earth*, 2000.

[18] P. Paultre, E. Calais, and J. Proulx. Damage to engineered structures during the 12 January 2010, Haiti (Léogâne) earthquake 1. *Canadian Journal of Civil Engineering*, 40 :1–14, 2013.

[19] C. S. Prentice, P. Mann, A. J. Crone, R. D. Gold, K. W. Hudnut, R. W. Briggs, R. D. Koehler, and P. Jean. Seismic hazard of the Enriquillo–Plantain Garden fault in Haiti inferred from palaeoseismology. *Nature Geoscience*, 3(11) :1–5, 2010.

[20] C. Prépetit. Tremblements de terre en haïti : mythe ou réalité ? *Le Matin*, 33082 :2–4, 2008.

[21] C. Prépetit. *La menace sismique en Haïti.* Université d'Etat d'Haïti, Port-au-Prince, Haïti, 2011.

[22] E. M. Rathje, J. Bachhuber, R. Dulberg, B. R. Cox, A. Kottke, C. Wood, R. A. Green, S. Olson, D. Wells, and G. Rix. Damage Patterns in Port-au-Prince during the 2010 Haiti Earthquake. *Earthquake Spectra*, 27(S1) :S117–S136, 2011.

[23] J. Scherer. Great earthquakes in the island of Haiti. *Bulletin of the Seismological Society of America*, pages 161–180, 1912.

[24] V. Schoelcher. *Colonies étrangères et Haïti : résultats de l'émancipation anglaise.* Pagnerre, Paris, 1843.

[25] M. Serres. *Le contrat naturel.* F. Bourin, 1990.

[26] S. Stein and A. M. Friedrich. How much can we clear the crystal ball? *Astronomy & Geophysics*, 55 :11–17, 2014.

[27] D. Sugawara, K. Goto, F. Imamura, H. Matsumoto, and K. Minoura. Assessing the magnitude of the 869 Jogan tsunami using sedimentary deposits : Prediction and consequence of the 2011 Tohoku-oki tsunami. *Sedimentary Geology*, 282(C) :14–26, 2012.

[28] J. G. Tanner and K. M. Shedlock. Seismic hazard maps of Mexico, the Caribbean, and Central and South America. *Tectonophysics*, 390(1-4) :159–175, 2004.

[29] P. Tscherrig. Swiss Re's Probabilistic Earthquake Hazard Map for Haiti (2010). *Swiss Reinsurance Company Ltd*, pages 1–3, 2010.

[30] D. L. Wells and K. J. Coppersmith. New empirical relationships among magnitude, rupture length, rupture width, rupture area, and surface displacement. *Bulletin of the Seismological Society of America*, 84(4) :974–1002, 1994.

Les Caraïbes
aux éditions L'Harmattan

Dernières parutions

MISSIONNAIRES DOMINICAINS (Vol. 1)
Édition critique de Bernard Grunberg, Benoît Roux & Josiane Grunberg
Les dominicains français ont beaucoup écrit sur les Petits Antilles, où ils se sont rendus comme missionnaires au XVIIe siècle. Chacun a eu soin d'insister sur un aspect ou l'autre de la colonisation : le père Pierre Pélican, Mathias Du Puis, Charles Houël, André Chevillard, Jean-Baptiste Du Tertre. Les témoignages des dominicains français sont ainsi un précieux outil pour saisir la civilisation caraïbe et la colonisation française des îles au XVIIe siècle.
(Coll. Corpus Antilles/Sciences sur les Indiens de la Caraïbe, 25.00 euros, 236 p.)
ISBN : 978-2-343-09627-8, ISBN EBOOK : 978-2-14-001569-4

APPROCHE COGNITIVE DU CRÉOLE MARTINIQUAIS
Ranboulzay 1 / Révolution 1
Bernabé Jean
Les créoles sont de véritables laboratoires propres à activer les recherches, notamment en ce qui concerne la genèse des langues. Ce travail est dédié à une redynamisation concrète de l'ensemble des créoles, à partir de la découverte de leurs ressources et potentialités lexicales. Suscitera-t-il une prise de conscience chez les locuteurs dont la pratique est constamment menacée par la décréolisation, phénomène trop souvent ignoré, méconnu, minoré, voire nié. La méthodologie de cette recherche, peut être mise à profit pour l'étude de toutes les autres langues.
(23.50 euros, 242 p.)
ISBN : 978-2-343-05925-9, ISBN EBOOK : 978-2-336-38076-6

BILINGUISME CRÉOLE-FRANÇAIS EN MILIEU SCOLAIRE GUADELOUPÉEN
Récit d'une expérience
Durizot Jno-Baptiste Paulette
Bilinguisme créole-français en milieu scolaire guadeloupéen est un récit d'expérience riche d'une réflexion sur l'identitaire et l'éducation à la pluralité linguistique. Il capte l'attention des créolistes sur le devenir culturel et scolaire des langues créoles dans la zone américano-caraïbe. La conception de ce devenir se lit dans les ateliers de langues que l'auteure propose à l'École de mettre en place.
(20.00 euros, 206 p.)
ISBN : 978-2-343-04555-9, ISBN EBOOK : 978-2-336-37729-2

RÉVOLUTIONS CARAÏBES
Les premières lueurs (1759-1770)
Lara Oruno D.
Cet ensemble d'études consacrées à la Méditerranée des Caraïbes décrypte les années 1759-1770. Elles constituent le prologue d'un processus de révoltes, de destruction du système esclavagiste, l'affirmation d'une volonté d'indépendance qui balaient le champ d'îles et les portions continentales, sonnant la fin du vieux monde colonial aristocratique. Avec la guerre de Sept Ans débute une séquence historique dans la serre chaude des Caraïbes.
(40.00 euros, 424 p.,)
ISBN : 978-2-343-05946-4, ISBN EBOOK : 978-2-336-37430-7

LE CHANT DU DIVERS
Introduction à la philopoétique d'Édouard Glissant
Norvat Manuel
L'œuvre d'Édouard Glissant est réputée difficile. Il convoque à sa guise la littérature et les autres domaines de la création, mais aussi les sciences et les savoirs de l'humain : histoire, anthropologie, sociologie et philosophie. D'où parle Glissant, de quel point de vue, de quel territoire de la pensée et de la création ? C'est un plain-chant articulé autour du souffle du Divers, une «philopoétique» d'où s'énoncent les ritournelles conceptuelles et intuitives d'une vision du monde.
(Coll. Ouverture Philosophique, série Arts vivants, 35.00 euros, 344 p.)
ISBN : 978-2-343-04832-1, ISBN EBOOK : 978-2-336-37367-6

ESCLAVES, CAFÉ ET BELLE-MÈRE, DE BREST À SAINT-DOMINGUE
L'amiral Le Dall de Tromelin
Une correspondance coloniale inédite (1769-1851)
Roussel Claude-Youenn
Quand en 1770, le marin du Roi, Brestois, Mathieu Marie de Dall de Tromelin, épouse Anne Pierre de Chambellan, il ignore que l'héritage de sa femme, à Saint-Domingue, va engendrer des tourments qui marqueront leur vie jusqu'à l'indépendance de la Grande Île. Cette correspondance inédite nous éclaire sur Saint-Domingue et la marine de Louis XVI, mais aussi sur les pratiques sociales de planteurs à l'aube de l'effondrement de l'économie coloniale de l'île.
(SPM, 32.00 euros, 330 p.,)
ISBN : 978-2-917232-27-9, ISBN EBOOK : 978-2-336-37326-3

FLUX ET LANGUES EN MILIEU URBAIN CRÉOLE
Étude de sociolinguistique urbaine à Fort-de-France
Labridy Lorène
Cet ouvrage questionne le rôle et la place des langues à la Martinique et plus spécifiquement à Fort-de-France. L'île voit arriver sur son sol des milliers de migrants étrangers qui transitent ou s'installent. De plus, des migrations ont lieu à l'intérieur de l'île, la ville restant incontournable malgré un effort croissant de décentralisation. De ce fait, en plus du français et du créole, les langues en présence s'affrontent, s'entremêlent, cohabitent.
(Coll. Espaces discursifs, 21.00 euros, 214 p.)
ISBN : 978-2-343-05204-5, ISBN EBOOK : 978-2-336-37340-9

LOUIS PIERRE DUFAŸ
Conventionnel abolitionniste et colon de Saint-Domingue (1752-1804)
Benzaken Jean-Charles – Préface de Marcel Dorigny
À partir de documents d'archives, l'auteur a reconstitué l'itinéraire de Louis Pierre Dufaÿ, collaborateur fidèle de Sonthonax et Polverel qui ont mis en place une politique anti-esclavagiste dans un contexte particulièrement difficile de guerre raciale à Saint-Domingue (aujourd'hui Haïti). Le résultat est surprenant et très contrasté : il n'est ni le diable que décrivent les colons attachés au maintien de l'esclavage ni l'apôtre que soutiennent les abolitionnistes, même si l'abbé Grégoire le cite parmi «les hommes courageux qui ont plaidé la cause des malheureux Noirs et sangs-mêlés».
(52.00 euros, 672 p., Illustré en noir et blanc)
ISBN : 978-2-917232-21-7, ISBN EBOOK : 978-2-336-37409-3

LA PAROLE INDOMPTÉE - PAWÒL AN MAWONNAJ
***Suivi de* Memwa Baboukèt - Mémoire de la muselière**
Essai sur Jean-Paul Sartre, Paul Laraque, Franck Laraque, Manno Charlemagne, Richard Brisson, Jacques Stéphen Alexis, Jean-Claude Martineau, René Depestre et Dany Laferrière (français haïtien)
Tontongi
Même quand il n'est pas une traduction d'un texte à l'autre, ce livre est bilingue pour avoir mis en rapport d'égalité et de parité les deux langues parlées par les Haïtiens. L'auteur essaie de montrer l'équivalence de compétence entre les deux langues dans leur univers parallèle. Le choix des textes n'est pas innocent, car la littérature, comme Sartre l'a démontré, n'est pas innocente : elle participe du projet de société.
(Coll. Critiques Littéraires, 28.00 euros, 292 p., Broché)
ISBN : 978-2-343-05393-6, ISBN EBOOK : 978-2-336-37286-0

L'AMBIVALENCE IDENTITAIRE DANS LA SOCIÉTÉ MARTINIQUAISE
Essai psychanalytique d'une aliénation
Nonone Josette
Aujourd'hui, la Martinique se trouve dans une dépendance économique et sociale. L'Afro-Martiniquais se trouve partagé entre le contexte franco-européen et le milieu afro-antillais. Cette contradiction émane aussi de situations de confrontation, d'où se dégage souvent un ressenti de «fatalité», voire de «malédiction», entraînant «un sentiment de culpabilité collective», celui d'oser défier l'ordre social en place. Cette recherche vise à analyser le dilemme de la dépendance à partir de l'énoncé des malédictions, puis des considérations historiques, suivies d'une perspective psychanalytique.
(17.50 euros, 180 p.)
ISBN : 978-2-343-03807-0, ISBN EBOOK : 978-2-336-37068-2

L'ENTREPRISE BEAUPORT À LA GUADELOUPE
Un exemple d'aménagement territorial et de transformation sociale
Gauthiérot Murielle - Préface de Marie-Laure Troplent
Au pays de la canne à sucre, l'entreprise Beauport n'intéressait personne depuis la fermeture de l'usine. Murielle Gauthiériot démontre que Beauport n'est plus

une cathédrale morte mais un observatoire pour étudier l'interaction entre aménagement territorial et transformation sociale. Elle raconte le «Tout Beauport» et nous entraîne dans le système de la plantation industrielle. Sa méthode consiste en une expérimentation graphique à partir des cartes du territoire de Beauport et une analyse de la structuration socioprofessionnelle à l'intérieur de cette entreprise.
(22.00 euros, 212 p.)
ISBN : 978-2-343-04493-4, ISBN EBOOK : 978-2-336-36968-6

MARCHANDS ET NÉGOCIANTS DE COULEUR À SAINT-PIERRE (1777-1830)
Milieux socioprofessionnels, fortune et mode de vie (Tome 1)
A. Louis Abel
Décrire et observer les marchands et négociants de couleur pierrotins revient à examiner des milieux socioprofessionnels composés d'hommes et de femmes qui se renouvellent au gré des crises sociales, politiques et économiques. *Marchands et négociants de couleur à Saint-Pierre de 1777 à 1830* est la première étude socioculturelle consacrée à des milieux professionnels d'une ville antillaise coloniale.
(Coll. Chemins de la Mémoire, série Histoire des Antilles, 31.00 euros, 302 p.)
ISBN : 978-2-343-04926-7, ISBN EBOOK : 978-2-336-36774-3

MARCHANDS ET NÉGOCIANTS DE COULEUR À SAINT-PIERRE (1777-1830)
Milieux socioprofessionnels, fortune et mode de vie (Tome 2)
A. Louis Abel
Décrire et observer les marchands et négociants de couleur pierrotins revient à examiner des milieux socioprofessionnels composés d'hommes et de femmes qui se renouvellent au gré des crises sociales, politiques et économiques. *Marchands et négociants de couleur à Saint-Pierre de 1777 à 1830* est la première étude socioculturelle consacrée à des milieux professionnels d'une ville antillaise coloniale.
(Coll. Chemins de la Mémoire, série Histoire des Antilles, 35.00 euros, 642 p.)
ISBN : 978-2-336-30579-0, ISBN EBOOK : 978-2-336-36773-6

CONSCIENCE (LA) COLLECTIVE CHEZ PATRICK SAINT-ÉLOI
À travers 30 titres de chansons
Okenga Viviane
Cet ouvrage rend hommage à Patrick Saint-Éloi, chanteur français originaire de la Guadeloupe qui a grandement contribué à populariser le zouk. Initiateur du «zouk lov», son nom restera attaché au groupe Kassav' auquel il a appartenu. Les textes analysés dans ce recueil sont parmi les plus importants de son répertoire et dénoncent des maux qui minent la société : l'immigration, le racisme, la dépravation des mœurs, la perte des valeurs, le réchauffement climatique, la paresse...
(Coll. Harmattan Cameroun, 17.00 euros, 168 p.)
ISBN : 978-2-343-02244-4, ISBN EBOOK : 978-2-336-36714-9

L'HARMATTAN ITALIA
Via Degli Artisti 15; 10124 Torino
harmattan.italia@gmail.com

L'HARMATTAN HONGRIE
Könyvesbolt ; Kossuth L. u. 14-16
1053 Budapest

L'HARMATTAN KINSHASA
185, avenue Nyangwe
Commune de Lingwala
Kinshasa, R.D. Congo
(00243) 998697603 ou (00243) 999229662

L'HARMATTAN CONGO
67, av. E. P. Lumumba
Bât. – Congo Pharmacie (Bib. Nat.)
BP2874 Brazzaville
harmattan.congo@yahoo.fr

L'HARMATTAN GUINÉE
Almamya Rue KA 028, en face
du restaurant Le Cèdre
OKB agency BP 3470 Conakry
(00224) 657 20 85 08 / 664 28 91 96
harmattanguinee@yahoo.fr

L'HARMATTAN MALI
Rue 73, Porte 536, Niamakoro,
Cité Unicef, Bamako
Tél. 00 (223) 20205724 / +(223) 76378082
poudiougopaul@yahoo.fr
pp.harmattan@gmail.com

L'HARMATTAN CAMEROUN
TSINGA/FECAFOOT
BP 11486 Yaoundé
699198028/675441949
harmattancam@yahoo.com

L'HARMATTAN CÔTE D'IVOIRE
Résidence Karl / cité des arts
Abidjan-Cocody 03 BP 1588 Abidjan 03
(00225) 05 77 87 31
etien_nda@yahoo.fr

L'HARMATTAN BURKINA
Penou Achille Some
Ouagadougou
(+226) 70 26 88 27

L'HARMATTAN SÉNÉGAL
10 VDN en face Mermoz, après le pont de Fann
BP 45034 Dakar Fann
33 825 98 58 / 33 860 9858
senharmattan@gmail.com / senlibraire@gmail.com
www.harmattansenegal.com

Achevé d'imprimer par Corlet Numérique - 14110 Condé-sur-Noireau
N° d'Imprimeur : 136445 - Dépôt légal : février 2017 - *Imprimé en France*

www.ingramcontent.com/pod-product-compliance
Lightning Source LLC
LaVergne TN
LVHW051410061026
849535LV00009B/3460